무릎으로 가는 길

손윤탁 지음

따스한이야기

손윤탁 선생님의 예순 한 번째 생신을 축하드립니다.

선생님을 처음 만난 것은 정확하게 40년 전인 1974년입니다. 유별난 불교 가정인 저희 집에 오셔서 저희 5남매를 돌봐주셨습니다. 그래서 2남 3녀 중 아들 둘이 모두 목사가 되었습니다. 학교와 교회, 선교사에 이르기까지 다양한 제자들이 있으시지만 그래도 40년을 따라다닌 제가 선생님의 생신을 챙기려고 나서게 되었습니다. 하지만 선생님의 교단 (PCK)과는 다른 교단(GAPCK)의 목사인 저로서는 많은 한계가 있는데다가 도리어 누를 끼치는 것은 아닌지 모르겠습니다.

선생님의 친구 분들과 제자들에게 원고를 청탁하는 일이나 목회자인 저로서 자료를 모으는 것도 여간 어려운 일이 아니었습니다. 그러는 중에 깜짝 놀란 것은 선생님이 소장하고 계신 자료들 때문입니다.

엄청난 양도 그렇지만 너무나 다양한 자료의 규모에 놀랐습니다. 직접 설교하신 후 보관하고 계신 원고만 해도 700편이 넘습니다. 강의안, 성경공부교안, 각종 교육 자료가 천여 편에 이릅니다.

그래서 먼저 선생님의 설교 원고 중 절기자료만 따로 엮기로 하고 최근 칼럼과 교육 자료 한두 편만을 우선 정리하기로 하였습니다.

제일 먼저 출판하게 된 『무릎으로 가는 길』은 선생님의 칼럼집입니다.

매 주일마다 남대문교회 주보에 꼬박꼬박 올렸던 글들입니다. 최근 선생님의 근황과 생각과 삶이 가장 잘 나타나 있기 때문에 온 세계와 전국에 흩어져 있는 제자들을 모으기 위하여 편집했습니다.

다음에 출판될 『절기 설교집』은 목회를 하고 있는 제자들을 위하여, 세 번째 출판될 『팔복 강해집』은 아직 교회에 다니지 않는 학교제자들과 선생님의 가르침을 기억하며 살아가는 평신도 제자들을 위한 책입니다.

출판을 맡아주신 따스한 이야기의 대표 김현태 목사님께 깊은 감사를 드립니다. 실제적으로 '기념논문집'을 출판할 수 있도록 옥고를 보내주신 학자들과 선생님과 얽힌 여러 가지 이야기들을 글로 써서 보내주신 분이 계십니다.

오늘의 손윤탁 목사님이 계시기까지 정말 수고하신 분은 정길자 사모님이십니다. 1년 차이기 때문에 이 두 권의 책은 사모님의 회갑에 맞추어 출판하겠습니다.

목적을 가지고 제작한 책들이지만 읽는 독자들이라면 누구에게든 큰 도움이 되었으면 좋겠습니다.

지나간 세월보다 선생님의 남은 세월이 더욱더 보람 있는 날들이 되시기를 간절히 기도합니다.

2015년 3월 20일

손윤탁 목사님의 제자들을 대표하여

금산 영광교회 담임목사 **손 우 정**

무릎으로 가는 길
c o n t e n t s

chapter.01
주님과 함께 시작합시다

무릎으로 가는 길
c o n t e n t s

chapter.04

성도의 책임과 사명

무릎으로 가는 길

chapter.01

주님과 함께
시작합시다

청년신앙이
필요할 때입니다

청년주일입니다.

주님 앞에서 우리 모두는 청년이어야 하며 청년신앙을 가져야 합니다.

청년신앙은 내일이 있는 신앙, 꿈과 비전이 있는 신앙입니다.

청년신앙은 기다림이 있고, 준비가 있는 신앙입니다.

따라서 배움과 훈련과 연습이 필요한 신앙이기도 합니다.

청년신앙은 증거 하는 신앙입니다.

복음을 전파하고, 말씀을 선포하며, 사랑을 실천하는 신앙입니다.

청년신앙의 기준은 나이가 아닙니다.

그리스도 안에서 어떻게 사느냐가 중요합니다.

청년들은 '홀로' 하는 것보다 '모여서' 하는 것을 좋아합니다.

청년들은 힘든 일도 쉽게 해결하는 것을 좋아합니다.

청년들은 복잡한 일보다는 단순하게 처리하는 것을 좋아합니다.

이번 전도훈련은 어려운 일도 쉽게 하는 방법을 배우는 훈련입니다.

복잡한 것을 단순하게 만들어보기 위한 훈련입니다.

우리 모두가 청년이 되었으면 좋겠습니다.
청년 모두가 다 전도자가 되었으면 좋겠습니다.
그래서 다시 오실 주님을 기다리며 준비하는 성도들이 되고
하늘나라의 소망과 꿈을 펼쳐 나가는 비전이 있는 젊은이들이 되고
언제나 다음 세대를 생각하며
함께 나아가는 성도들이 되었으면 좋겠습니다.

2011. 5. 15. 청년주일

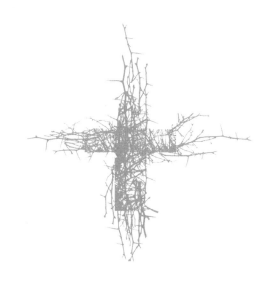

성령강림주일과
교회탄생

오순절이라 부르는 성령강림절은 성경적으로 매우 중요한 날입니다.
이스라엘 백성들이 가나안 땅에서
처음 곡식을 수확한 날로부터 7주간,
즉 49일을 계산하여 지켰기 때문에 칠칠절이라고도 불렀습니다.
결국 49일의 날수를 계산하면 10이 다섯이라 오순절이라 하였습니다.

오늘날 우리는 맥추절을 7월 첫 주로 지키지만
본래 유대인들은 이 오순절을 칠칠절, 혹은 맥추절로 지켰습니다.
예수님께서 유월절 어린 양으로 십자가에서 죽으시고
부활하신 날로부터 40일 동안 이 땅에 계시다가
승천하신지 10일만이니까 꼭 50일이 되던 날!
다락방에서 기도하던 120문도에게 성령께서 임하신 날입니다.

그래서 오순절이 바로 우리가 지키는 성령강림주일이 된 것입니다.
그 뿐 아닙니다. 이 날이 바로 최초의 교회 탄생일입니다.
흙으로 빚은 형상에다가 생기를 불어넣음으로 사람이 된 것처럼

사람들이 모여 있다고 다 교회가 아니라
모인 사람들 위에 성령님이 임하심으로 비로소 교회가 된 것입니다.

오순절을 전후하여 한국교회도 특별한 기념일이 있습니다.
1885년 6월 21일 저녁!
알렌의 집에서 한국 최초의 공식주일예배를 드렸습니다.
이것이 남대문교회의 뿌리인 제중원신앙공동체의 시작이며
이 신앙공동체가 한국교회의 모태(母胎)이며 한국교회의 시작입니다.

그래서 우리교회에서는 두 주간 동안 중요한 행사들을 갖게 됩니다.
세례식과 함께 공식주일예배를 기념하는 각종 행사들입니다.

2011. 6. 12. 성령강림주일

캄보디아
또 하나의 교회를

지난해 베트남 산지 족 가운데 하나의 부족을 입양하였습니다.
약 1,800명의 인구로 현재 까람산지에 살고 있는 종족입니다.
지난 해 8월, 이 지역에 까람남대문교회의 기공예배를 드렸습니다.
이제 오는 9월에 건물을 완공하고 헌당 예배를 드리게 됩니다.

이것이 도화선이 되어 또 하나의 선교지 교회가 세워집니다.
캄보디아의 끄랑스와이교회입니다.
특별히 이번 기공식과 함께 또 다른 두 가지의 행사가 진행됩니다.
현지인들이 마실 수 있는 우물을 파고 화장실을 지어 기증합니다.

지난겨울 우리 청년들이 여기에서 홈스테이를 하며 훈련을 받았는데
마당이나 길바닥에서 용변을 보아야 하는 큰 불편함을 겪었고
짐승이 목욕한 물에 빨래를 하고, 다시 그 물을 사람들이 마셨으니
이 문제를 다소나마 감당하게 되었다는 것이 감격스럽습니다.

물론 300여장의 모기장과 생필품도 기증합니다.

평소에도 유니세프 사무총장인 우리 권사님(박동은 권사)과
월드비전활동에 앞장서는 우리 김혜자 권사님이 자랑스러웠는데
준비하는 과정을 지켜보며 우리 성도들 모두가 다 자랑스러웠습니다.

큰 행사들로 줄줄이 이어진 것을 보면
때로 힘든 일이라는 생각도 들지만
이것이 주님의 은혜를 아는 우리가 해야 할 일이라 생각해 봅니다.
130여 년 전!
이 땅에 교회의 기초를 놓았던 선교사들의 공적을 기리며…!
그리고 처음으로 공식적인 주일예배를 드렸던 이 날을 기념하며…!

2011년 6월 19일 한국최초공식주일예배 기념주일

여름을 이기는 방법

장마가 계속됩니다.
이 장마가 끝나면 어느 해보다 더운 여름이 될 것이라고 합니다.
예년보다 비도 더 많이 와서 후덥지근할 것이라는 예보입니다.

선풍기나 에어컨으로만 더위를 피할 수도 없고
더위를 피하러 가는 것인지, 더위를 맞으려 가는 것인지도 모르는
그래서 며칠간의 피서로 더위를 이기겠다는 생각은 무리입니다.

이래도 저래도 피할 수 없는 여름!
우리 조상들이 즐겨 쓰던 이열치열(以熱治熱)이라는 말이 생각납니다.
문제는 여름의 열기보다 더 뜨거운 것이 무엇이냐 하는 것입니다.

그러나 우리는 압니다.
그래서 성령님의 뜨거운 은혜를 사모합니다.
그래서 성경학교도, 수련회도, 각종 수양회도 모두 여름에 있습니다.
교회적으로나 개인적으로 가장 큰 은혜를 받을 수 있는 기회입니다.

성경학교를 섬기고,
수련회에 참석하고,
봉사활동에 참여함으로
이 여름이 어느 때보다 보람 있는 계절이 되기를 기도합니다.

더 많은 성경을 읽고,
더 많은 기도를 통하여 능력을 받게 됨으로
오히려 영적인 건강을 회복하고
새 힘을 얻는 복된 여름이기를 기도합니다.

노아홍수시대에는
물에 사는 고기들은 방주에 들어갈 필요가 없었습니다.
마찬가지의 원리입니다.
더위보다 더 뜨거운 성령의 은혜를 체험한 자는
유황불보다 더 뜨거운 여름이 오고 심판이 와도
전혀 두려워할 것이 없기 때문입니다.

2011년 7월 3일 교사주일을 앞두고

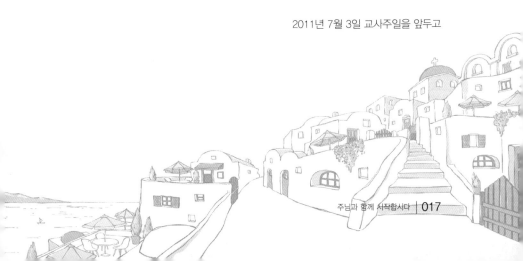

오늘은
제헌절입니다

나라의 기본이 되는 헌법을 제정 공포한 것을 기념하는 날입니다.
기독교인이 통틀어 계산해도 50만 명이 안 되던 시절이었으나
절대다수의 그리스도인들이 법의 목적이 질서에 있음을 알고
기도함으로 시작한 제헌 국회였습니다.

모든 질서의 창조자는 하나님이십니다.
하나님은 혼돈과 공허함과 흑암 중에 질서(cosmos)를 만드셨습니다.
그러므로 모든 자연과 만물에도 법과 질서가 있는 것입니다.
그래서 하나님은 에덴동산에도 선악을 알게 하는 나무를 두셨습니다.
마음껏 자유를 누리는 에덴동산이지만
거기에도 법이 필요했기 때문입니다.

인간이라면 누구나 지켜야 할 법과 질서이지만
자연도 마찬가지로 질서가 있고 법이 있습니다.
봄이 가면 여름이 오고, 여름이 오면 무더운 것도 당연합니다.
이것도 하나님께서 만드신 창조의 질서입니다.

인과응보(因果應報), 악자필법(惡者必罰), 권선징악(勸善懲惡) 등
이 모든 교훈도 모두 질서와 원리에 부합되는 법칙들입니다.
그래서 선민 이스라엘에게도 반드시 지켜야 할 율법을 주셨고
죄를 범하였음에도 구원을 받는다는 기독교의 복음진리에도
주님께서 우리를 대신하여 벌을 받으셨다는 대속의 원리가 있습니다.

모든 법과 질서의 주인은 하나님이십니다.
그러므로 믿음의 사람들에게는 더 큰 준법정신이 요구됩니다.
가장 분명한 이유는
이 법과 질서를 창조하신 분이 바로
하나님이시기 때문이며,
가장 큰 혜택을 입은 자들이 바로 우리들이기 때문입니다.

2011년 7월 17일 제헌절

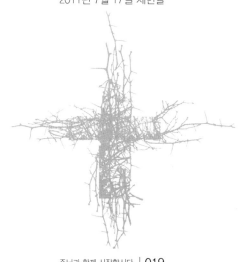

위기는 기회다

정치적이거나 경제적인 위기를 이야기하더니
이제 교육적인 위기, 환경적인 위기, 교회의 위기를 이야기합니다.
그러나 주님은 이미 종말의 징조와 위기의 때를 말씀하셨습니다.
처처에 지진과 기근이 일어나고 나라와 나라가 대적하며,
난리와 난리의 소문을 듣게 될 것이며,
이단과 적그리스도가 등장하여 사람들을 미혹하리라고 하셨습니다.

성경은 위기의 시대를 극복한 사람들을 소개하고 있습니다.
노아가 그랬고, 아브라함, 이삭, 야곱이 겪었으며,
요셉이나 모세, 여호수아도 모두 위기를 극복한 사람들입니다.
다윗과 욥, 엘리야와 예레미야도 위기의 시대를 산 사람들입니다.
우리 한국교회의 역사도 예외는 아닙니다.
일제와 6.25, 보릿고개와 험한 정치적 핍박까지도
우리 선배들은 훌륭하게 견디며 이겨내었습니다.

최근 반기독교단체나 이단들의 도전이 심각합니다.
그러나 결코 그들이 교회성장을 방해하지는 못할 것입니다.

교회는 이미 이러한 환경을 극복할 힘을 가지고 있기 때문입니다.
아니 이것이 위기가 아니라 더 큰 성장의 기회가 될 것입니다.

가정의 위기를 이야기하는 사람들도 있습니다.
인간적으로 해결할 수 없는 일들도 많이 있습니다.
자녀교육과 교회학교의 위기 속에서 다음 세대를 염려하고 있습니다.
정말 그렇다면 지금이 바로 기회입니다.
하나님앞에 기도하고
엎드리므로 하나님의 크신 능력을 체험할 수 있는 기회입니다.

말씀의 능력을 확인할 수 있는 절대적인 기회가 바로 지금입니다.
개혁과 변화의 기회임을 알고 무릎으로 기도하는 성도가 있고
믿음으로 말씀을 선포하는 이 시대의 세례 요한이나 바울이 있으며
기회를 놓쳤으나 다시 새 힘을 달라고 부르짖는 삼손이 있다면
위기는 극복되고 더 크고 선한 역사는 반드시 일어나게 될 것입니다.

2011년 7월 24일 주일

작은 것이 귀하다

사람들은 많고 큰 것을 좋아합니다.
잘못된 것은 아닙니다.
많고 큰 것이 좋은 것은 사실입니다.
그러나 문제는 지나치면 물량주의가 되고 맙니다.
모든 것은 작은 것으로부터 시작됩니다.
작은 것을 귀하게 여겨야 합니다.

예수님도 천국은 겨자씨 한 알과 같다고 하셨습니다(마 13:31,32).
이는 모든 씨보다 작은 것이로되
자란 후에는 나물보다 커서 큰 나무가 되매
공중의 새들이 와서 그 가지에 깃들인다고 했습니다.
새들이 와서 깃들일 정도의 나무도 작은 씨알에서 시작됩니다.
지극히 작은 겨자 씨 한 알이지만 참으로 귀히 여겨야 합니다.

사람들은 높고 위대한 것을 좋아합니다.
존경받는 자리에 이를 줄도 알아야 합니다.
그러나 이것이 지나치면 출세주의가 되고 맙니다.

모든 것은 작은 정성에서 시작됩니다.
작은 일에도 충성을 다해야 합니다.

사람들의 관심은 언제나 높은 지위에 있는 사람들입니다.
디베료 가이사, 본디오 빌라도, 헤롯, 빌립과 루사니아…
그리고 안나스나 가야바와 같은 대제사장(눅 3:1-2).
그러나 하나님의 관심은 이런 자리가 아니었습니다.
"하나님의 말씀이 빈들에서 사가랴의 아들 요한에게 임한지라."

우리들에게도 큰 사명이 주어져 있습니다.
잘 감당하여 많은 복과 은혜를 누리는 성도가 됩시다.
지위와 명예도 누리고,
몰려오는 성도들로 가득 찬 교회도 만들어 봅시다.
작은 것 하나라도 귀히 여기는 신앙이 더욱 더 중요합니다.
내 자리 지키고,
내 믿음 지키고,
내 신앙을 지키는 작은 일로부터 시작합시다.

2011년 8월 28일 주일

천국은
확실히 있습니다

몇 년 전까지도 너무나 많이 읽혀졌던 책이름입니다.
물론 주관적인 체험이 많아서 문제가 없는 것은 아닙니다.
성경에 비추어볼 때 그냥 지나쳐 버릴 수 없는 내용들이 많아서
한 번 쯤은 꼭 읽어보라고 권하고 싶은 책이기도 합니다.

이러한 체험이 아니라고 해도 천국은 분명히 있습니다.
성경이 그렇게 증거 하였고,
우리의 선배들이 이를 위해 헌신해 왔습니다.
우리 주님도 거기에서 오셨으며,
또 우리를 위하여 그 나라로 가셨습니다.

그 나라는 이미 우리 가운데 이루어진(already) 나라이며
동시에 우리가 기다리며 장차 이루어질(not ~ yet) 나라입니다.
중요한 것은 주께서 성령으로 오셔서 우리와 함께하시기에
그 나라는 지금 여기에서(here & now) 이루어져 가고 있습니다.

천국(하늘나라)은 하나님의 나라입니다.

하나님이 다스리시는 나라이자, 하나님께서 함께 하시는 나라입니다.

중요한 것은 천국 백성으로서의 삶입니다.

세상의 빛이 되기를 원하고, 소금이 되기를 원하지만

과연 천국 백성으로서 왕이신 그 분의 뜻대로 살고 있는지요?

비록 발로 땅을 밟고 산다할지라도 그 삶은 천국의 삶이어야 합니다.

그럴 때 다스리시는 그 분의 뜻을 이루어 갈 수가 있기 때문입니다.

천국은 분명히 있습니다.

우리들은 이 사실을 온 세상에 알리는 전도자들이 되어야 합니다.

동시에 오늘을 극복하는 꿈을 가진 천국 백성들이 되어야 합니다.

그 날이 다가옵니다.

더욱 근신하며 깨어 기도하시기 바랍니다.

2011년 9월 18일 주일

배우고 확신하는 일에
거하자

옛날부터 배움에는 때가 없다고 말해 왔습니다.
아마 교회를 두고 하는 말이 아닌지 모르겠습니다.
우리 교회만 해도 장년 1부의 어르신들을 보십시오.
그 역사가 언제부터 시작되었는지 알 수 없지만
어느 교회에서도 볼 수 없는 우리들만의 자랑입니다.

신앙훈련은 기도와 전도처럼 교회를 지탱하는 큰 기둥입니다.
훈련을 받지 않고는 좋은 병사가 될 수 없습니다.
더구나 무슨 일이든 아는 것과 모르는 것은 엄청난 차이가 있습니다.
아는 것이 힘이기에 호세아 선지자는
이 백성이 여호와를 아는 지식이 없어서 망한다고 탄식했습니다
(호 4:6).

실제로 조금 부담이 되기도 하고 분주한 것은 사실입니다.
욕심을 부린다면 하루도 쉴 날이 없는 프로그램입니다.
그러나 배움에도 절제가 필요합니다.

무관심한 자리에서 일어서 주실 것을 부탁합니다.

전도학교 : 전교인 필수과정입니다.
제자양육 : 주님의 유언(지상명령)이 "제자 삼아라"는 명령입니다.
지도자교육 : 교사대학과 리더십코스의 훈련 과정입니다.
평생대학과 어머니교실은 이 시대에 꼭 필요한 교육 과정입니다.

우리는 주님 앞에 서는 그날까지 모이기에 힘쓰되
배우고 확신하는 일에 거하여야 합니다.
그래서 정말 "말씀이 그리워 찾아오는 교회"가 되게 합시다.

2011. 9. 25

한 걸음만 더…

가을이 되자 부쩍 행사가 많아졌습니다.
그것도 시월 한 달에 그치는 것이 아니라 11월과 12월로 연결됩니다.
교회 안의 행사뿐만 아니라 바깥 행사도 적지 않습니다.
베트남과 캄보디아의 교회당 완공예배와 선교지 교역자수련회까지…
자랑스럽기도 하고
그러면서도 분주하게 만든 것 같아 죄송스럽습니다.

그러나 우리 교회는 활동적인 교회입니다.
쉬는 날이 없이 계속 움직이는 교회의 모습이 너무나 아름답습니다.
다양한 성경공부와 훈련과정이 개설되어 있습니다.
총동원전도주일을 앞두고 영적인 열매를 위해 기도하고 있습니다.
총동원전도주일과 세례식, 찬양대의 발표회도 모두 11월입니다.

그래서 부탁을 드립니다.
한 걸음만 더 앞으로 나아갑시다.
이유는 복 받아야 할 사람이 바로 우리들이기 때문입니다.
복음(福音)이라는 말은 말 그대로 '복이 되는 소식'입니다.

함께 복을 나누어 가지고 싶어 하는 것이 또한 우리들의 마음입니다.

교회와 함께, 그리고 교회와 더 가까이!
결코 이 일을 어렵게 생각하지 않았으면 좋겠습니다.

하루 종일 바깥에 나가 수고하고 애쓰다가도
가정으로 돌아오면 그곳이 바로 안식처가 되고
새로운 힘을 충전하는 장막이 되는 것처럼
비록 세상에서 시달림을 받는 우리들이라 할지라도
우리의 영혼이 쉼을 얻는 안식처가 바로 교회이기 때문입니다.

2011. 10. 2

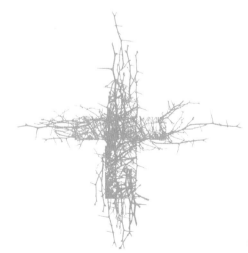

있는 그대로의 순수한 감사

"항상 기뻐하라. 쉬지 말고 기도하라. 범사에 감사하라."
이것이 그리스도 예수 안에서 우리를 향하신 하나님의 뜻입니다.
이 사실은 그리스도인이라면 누구나 다 기억하고 있습니다.

추수한 후에 곡식들을 창고에 저장한 후에 수장절을 지킨 것은
유대인들의 기쁨이요, 감격이었으며, 큰 잔치거리였습니다.
물론 현대 추수감사절의 유래는 미국에서 시작되었습니다만
추수감사절의 성경적 근거는 이스라엘의 수장절에서 유래됩니다.
광야 생활을 추억하며 초막을 짓고 일주일동안 이 절기를 지켰습니다.

항상 기뻐하되, 범사에 감사한다는 것은 쉬운 일은 아닙니다.
그러나 그리스도인들은 하나님의 뜻에 순종하며 살아야 합니다.
그렇다고 해서 억지로 그렇게 하라는 이야기는 아닙니다.
하나님을 신뢰하는 온전한 믿음이 전제되어야 합니다.
그렇지 않고는 결코 하박국의 감사와 같은 감사를 할 수가 없습니다.

받았으므로, 이유가 있어서 드리는(Because of) 감사도 중요합니다.

그러나 믿음으로 드리는(In spite of) 감사가 더 소중합니다.

"무화과나무가 무성치 못하며 포도나무에 열매가 없으며…

우리에 양이 없으며 외양간에 소가 없을지라도

나는 여호와로 말미암아 즐거워하며

나의 구원의 하나님으로 말미암아 기뻐하리로다"(합 3:17-18).

잔돈이 없어 딸에게 천원을 꾸어 달랬더니 쓸데가 있다고 거절했는데요.

그러나 아들은 돼지 저금통을 통째로 들고 왔더랍니다.

그리고는 필요한 데로 다 쓰라고 하더랍니다.

그 결과는 어떠했을까요?

결국 누가 더 큰 용돈을 받게 되었을까요?

있는 그대로의 순수한 감사가 꼭 필요한 시대입니다.

2011. 10. 9. 추수감사주일을 앞두고

정말 잘 오셨습니다

잘 오셨습니다. 더구나 초청주일인 오늘…
여러분들과 함께 예배드리게 됨을 깊이 감사드립니다.
정성을 다 했습니다.
그 동안 여러분들을 사랑하는 뜨거운 마음으로 준비했습니다.

물론 부족한 부분들도 많습니다.
그러나 저희들의 바람은 처음 교회 나오신 오늘이
바로 여러분들의 생애 중에 가장 복된 날이 되기를 원합니다.
더구나 예수님을 만남으로 여러분들의 삶이 달라지시기를 원합니다.

본래 사람들은 변화를 두려워합니다.
그러나 여러분! 오늘날의 시대적 상황을 잘 분별하시기 바랍니다.
어떤 물질이나 권세나 지식까지도 우리의 삶을 보장할 수 없습니다.
그래서 신앙적 위인들이 그랬던 것처럼
우리들도 주님을 만나야 만 합니다.

〈만남〉이란 참으로 중요합니다.

사람도 어떤 사람을 만나느냐에 따라 삶의 방향이 달라집니다.
왕복이 없는 편도뿐인 우리 인생이기에
후회가 없는 삶을 사는 방법은 하나밖에 없습니다.

주님은 "내가 곧 길이요, 진리요, 생명"이라고 말씀하셨습니다.
"수고하고 무거운 짐을 진자들은 다 내게로 오라"고 초청하셨습니다.
초청에 응하신 여러분들은 바로 이 복된 길에 첫발을 내디뎠습니다.
우리들의 삶을 그 분이 책임지시기에 놀라운 일이 생길 것입니다.
흔히 불신자들은 이야기합니다.
자기만 잘 믿으면 될 텐데 왜 다른 사람들까지 귀찮게 하느냐고.
사랑입니다.
저희들만 갖기엔 너무나 크고 귀한 하나님의 사랑이라
뜨겁게 사랑하는 그 마음으로 여러분들을 초청한 것입니다.
이 모든 복이 함께 하신 여러분들에게 늘 충만하시기를 기도합니다.

2011. 11. 20. 전도초청주일

대강절과 성탄절
이렇게 보냅시다

12월입니다. 대강절 기간입니다.

성도들의 성탄절과 연말연시는 세상 사람들과 달라야 합니다.

그래서 기독교문화운동에서 말하는 "5-With"가 중요한 것 같습니다.

대강절은 **예수님과 함께(With Jesus)** 맞아야 합니다.

예수님이 없는 대강절이나 성탄절은 아무런 의미가 없습니다.

그리스도인들이 예수님의 생일인 성탄절을 기다리는 것은

바로 주님을 사모하는 간절한 마음 때문입니다.

가족과 함께(With Family) 맞아야 합니다.

가족들의 사랑을 확인하는 즐거운 명절이 되어야 합니다.

성탄은 당연히 바깥에서 지내는 것으로 생각하는 것은 잘못입니다.

가정은 하나님이 가장 좋아하시는 작은 교회입니다.

이웃과 함께(With Neighbor) 맞아야 합니다.

하나님께서 베푸신 최고의 사랑으로 오신 예수 그리스도이십니다.

죄인을 위하여, 불쌍한 인간들을 위하여…
은혜를 입은 성도들은 나누고 베푸는 아름다운 사람들입니다.

거룩함(With Holiness)으로 맞아야 합니다.
거룩함이란 말은 구별되어야 한다는 말입니다.
오염된 세상과는 분명히 달라야 합니다.
기다림의 참된 의미는 성결에 있음을 명심합시다.

조용하게(With Silence) 보내야 합니다.
흥청거리는 것과 요란한 음악은 성탄절과 아무런 관계가 없습니다.
때로는 왼손이 한 일을 오른 손도 모르게 해야 합니다.
주님이 오신 그 밤은 고요한 밤이었습니다.

2011. 12. 4

희망을 이야기합니다

소망의 주로 오신 예수 그리스도!
그 분은 유대인들의 소망이었습니다. 구약 성경이 이를 증언합니다.
예수 그리스도는 모든 민족과 열방의 소망이십니다(롬 15:9-12).
그러나 더욱 중요한 것은 예수님은 우리의 소망이십니다.

안타까운 것은 이 시대의 사람들이 꿈을 잃고 산다는 것입니다.
고난과 고통의 밤이 계속되고, 힘들고 어려운 일이 있다 할지라도
꿈이 있고 내일이 있다면 극복할 수 있습니다.
이 시대의 아픔은 많은 사람들이 희망을 잃고 살아간다는 것입니다.

예수님이 그리스도이심을 증거 하여야 할 이유도 바로 이 때문입니다.
성탄절이 명절이 되어야 할 이유도
복음이 온 세상에 선포되어야 할 이유도 바로 이것 때문입니다.
예수님만이 우리의 꿈이요, 소망이시기 때문입니다.

사람들은 오늘날을 포스트모던(post-modern)의 시대라고 부릅니다.
현대인들은 과학과 기술을 믿었고, 물질(경제)을 의지했습니다.

이러한 것들이 모든 것들을 해결해 주리라 생각하였습니다.

그러나 그 기대가 무너져 버렸습니다.

포스트모던은 철학도, 어떤 체제도, 규범도 부인합니다.

목표도 없고, 이상도 잃어버리고, 결국은 내일이 사라져버렸습니다.

교회가 일어서야 할 때가 바로 지금입니다.

진정한 소망이 무엇이며, 진정한 꿈이 무엇인지를 보여주어야 합니다. 그래서 교회는 희망을 선포하여야 하며 성도들은 삶을 통하여 이러한 사실을 증명할 수 있어야 합니다.

"일어나라! 빛을 발하라. 이는 네 빛이 이르렀고 여호와의 영광이 네 위에 임하였음이니라"(사 60:1).

2011. 12. 11

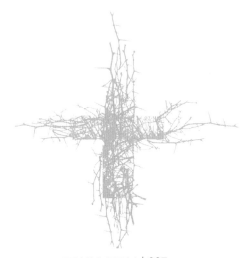

365 +1

성탄절만큼 중요한 절기도 없습니다.
12월은 새해를 준비하는 달이기도 합니다.
2012년은 4년마다 다가오는 윤년(양력)이라 그 기대도 대단합니다.
2월이 29일까지 있어서 366일이 되는 해이기 때문입니다.

물론 4의 배수가 되는 해를 모두 윤년으로 삼되
끝자리가 00으로 끝나거나 25의 배수인 해는 예외입니다.
그래서 2000년은 4의 배수였음에도 2월이 28일이었습니다.

지구가 자전하면서 태양을 한 바퀴 공전하는 데 1년이 걸립니다.
그러나 365일이 지나면 본래 자리에 이르기에는 조금 부족합니다.
5시간 48분 46초가 더 필요한데 4년 동안 모우면 하루가 됩니다.
그러면 또 다시 남는 시간이 있어서 이것을 다시 조정해야 합니다.
그것을 조정하니까 00으로 끝나는 해를 윤년에서 제외시킨 것입니다.

물론 어떤 때에는 전 세계적으로 시간을 조정하기도 합니다.
사람들은 이 모든 것을 과학이라고 부릅니다.

사람은 어쩔 수 없이 시간을 따라다녀야 합니다.
그러나 이 과학과 시간의 주인도 하나님이십니다.
결국 시간도 따지고 보면 하나님의 피조물에 불과하기 때문입니다.

아무리 시계가 정확하고, 계절과 기후 변화가 뚜렷하다고 해도
그 역시 하나님께서 만드신 자연의 원리에 불과한 것입니다.
결국 해가 바뀌고 나이를 먹는 것도 모두 하나님 안에 있습니다.
"내 시대가 주의 손에 있사오니…"(시 31:15).

또 한해가 저물어 갑니다.
영원하신 그 분이 시간 속으로 오신 성탄절과 "365+1"이라는 새해!
여느 해와 달리 하루를 더 보태어 주신 놀라운 이 시간을 두고
우리는 그 사용처를 분명하게 고백하며 새해를 맞아야 할 것입니다.

2011. 12. 25. 성탄 및 송년주일

주님과 함께 시작합시다

새해가 밝았습니다.
성도 여러분과 가족들 위에, 하시는 모든 일들 위에
우리 하나님의 크신 은총이 언제나 함께 하시기를 기도합니다.

시편에서 솔로몬은 고백합니다(시 127:1-2).
"여호와께서 집을 세우지 아니하시면 건축자들의 수고가 헛되고
여호와께서 성을 지키지 아니하시면 파수병의 보초도 헛된 일이다."
가장 중요한 것은 우리 주님 함께 하시는 새해가 되어야 합니다.

새해가 되었다고 해서 사실 표면적으로 달라진 것은 없습니다.
여전히 태양은 동쪽에서 떠서 서쪽으로 집니다.
겉으로 보기에는 나라 안팎의 사정도 크게 다른 게 없는 것 같습니다.
중요한 것은 이러한 외형적인 것보다는 우리들의 마음입니다.

그리스도 안에 있어야 새 사람이 됩니다.
말씀으로 변화되어야 합니다.
무엇보다 우리 자신의 부족함을 알고 기도하여야 합니다.

"그러므로 누구든지 그리스도 안에 있으면 새로운 피조물이라
이전 것은 지나갔으니 보라 새 것이 되었도다"(고후 5:17).
"내가 너희를 주와 및 그 은혜의 말씀께 부탁하노니
그 말씀이 너희를 능히 든든히 세우사…"(행 20:32).
"능력주시는 자 안에서 내가 모든 것을 할 수 있느니라"(빌 4:13).

하나님께서는 우리들에게 또 새로운 한 해를 선물로 주셨습니다.
기도로 시작하는 새해가 되시기 바랍니다.
말씀을 사모하며, 말씀으로 응답받는 성도들이 되시기 바랍니다.
사랑의 교제에 힘쓰고, 사명을 다하는 성도들이 되시기 바랍니다.
그러나 가장 중요한 것은 언제나 주님과 함께 시작하는 것입니다.

2012. 1. 1. 신년주일

주님을 닮는
교사가 됩시다

선생님이 없이 자란 사람은 없습니다.
"나는 학교 문 앞에도 가보지 않았다"고 하는 이들도 있습니다.
그러나 그들에게도 분명히 부모라는 선생님이 있었습니다.
전하는 자도, 가르쳐 주는 이도 없이 하나님을 알 수는 없습니다.
전도자도, 직분자도, 성도들도 모두 교사가 되어야 합니다.
무엇보다 이 모든 것을 가르쳐 주신 분은 우리 하나님이십니다.

결국 주님보다 더 분명한 우리의 스승은 없습니다.
스스로 이 땅에 오셔서 인간의 몸으로 하나님을 보여 주셨습니다. 권위 있는 말씀으로 사람들을 가르치시고 변화시켜 주셨습니다.

우리는 주님의 삼대 사역(마 4:23, 9:35)을 기억합니다.
선포(preaching)와 교육(teaching)과 치유(healing)의 사역으로.
오늘날 '주님의 몸인 교회'가 해야 할 일도 바로 이것입니다.

교회교육을 담당하게 될 교회학교와 교사들도 마찬가지입니다.

오늘은 새해를 시작하며 교사들의 헌신을 다짐하는 날입니다.
우리의 참된 스승이신 예수님을 닮겠노라 다짐하는 날입니다.

제2차 포로귀환의 지도자였던 에스라의 결심을 본받아
우리들도 결심하고 다짐하는 이 날이 되었으면 좋겠습니다.
율법(성경)을 연구하고, 준행하되, (잘) 가르쳐야 합니다(스 7:10).

에스라의 뒤를 따르되 예수님을 닮는 교사가 되어야 합니다.
우리의 영원하신 스승이신 예수님은

     ① 잘 가르치셨습니다(마 7:28-29).

     ② 많은 사람들을 감동시키셨습니다(요 4:7-42).

     ③ 실제적인 삶을 통하여 모범을 보이셨습니다(요 13:14).

2012. 1. 8. 교사헌신주일

은밀하게 봉사하라

여전도회주일과 함께 평신도기관 헌신주일로 지킵니다.
언제나 아름다운 선행으로
세상의 빛과 소금의 역할을 감당하는 성도들이 자랑스럽습니다.

주님은 소자에게 냉수 한 그릇 대접한 것도 잊지 않으리라 하셨고
지극히 작은 소자에게 한 것이 곧 내게 한 것이라 말씀하셨습니다.
이웃을 위하여 구제하고 봉사하는 모습! 정말 아름다운 일입니다.

그러나 가끔은 안타까운 일들을 보게 됩니다.
칭찬받고, 하늘의 상급으로 충만할 그 사람이 오히려 자기자랑으로
모든 것을 허물어버리는 경우도 있기 때문입니다.

"너는 구제할 때에 오른 손의 하는 것을 왼손이 모르게 하여
네 구제함이 은밀하게 하라.
은밀한 중에 보시는 너의 아버지가 갚으시리라"(마 6:3-4).

주님은 자랑하는 자들에게 "자기상을 이미 받았다"라고 하셨습니다.

나는 도왔다고 자랑하지만 상대방의 입장도 생각해야 합니다.
외식적인 도움은 도움이 아니라 상대방을 욕되게 할 수 있습니다.

"사람 앞에 보이려고 그들 앞에서 너의 의를 행치 않도록 주의하라.
그렇지 아니하면 하늘에 계신 네 아버지께 상을 얻지 못하느니라.
그러므로 구제할 때에 외식하는 자가 사람에게 영광을 얻으려고 회
당과 거리에서 하는 것 같이 너희도 사람 앞에서 나팔을 불지 말라.
진실로 너희에게 이르노니 저희는 자기상을 이미 받았느니라"
(마 6:1-3).

우리 교회와 성도들의 아름다운 봉사는 과연 자랑할 만합니다.
그러나 스스로 상급을 허무는 일이 없도록 해야 할 것입니다.

2012. 1. 15. 평신도기관 헌신주일

찬양과 성도의 삶

하나님은 이스라엘을 찬양을 위해 지은 백성이라 했습니다.
"이 백성은 내가 나를 위하여 지었나니
나를 찬송하게 하려 함이니라"(사 43:21).
참 이스라엘인 오늘의 성도들도 마찬가지입니다.

모든 만물은 찬양을 우리 하나님께 드려야 합니다(시 148:1-14).
모든 소리의 주인은 하나님이시기 때문입니다.
호흡이 있는 모든 자는 여호와를 찬양하여야 합니다(시 150:6).

그래서 우리들도 모든 악기와 소리를 동원합니다.
춤추며, 소고를 치며, 수금으로 그를 찬양합니다(시 149:3).
나팔소리와 비파와 수금, 현악과 퉁소로 찬양합니다(시 150:3-4).

하나님은 위대하고 크시며 존귀하시고 영원하십니다.
영원히 찬양을 받으시기에 합당하신 분이십니다(시 145:1-2).
주의 나라는 영원하며, 그의 통치는 대대에 이르십니다(시 145:13).

우리가 성경을 배우며, 전도를 하며, 봉사를 합니다.
이러한 수고와 아름다운 섬김도 이 세상에서만 가능합니다.
그러나 찬양은 천국까지 계속됩니다. 찬양은 영원한 것입니다.

찬양은 하나님께 영광을 돌리는 거룩한 예배입니다.
찬양은 곡조가 있는 성도들의 간구이며 아름다운 기도입니다.
찬양은 성도들의 신앙이며, 간증이며, 삶의 방식입니다.

찬양대가 연합으로 헌신예배를 드리는 날입니다.
찬양대는 성도들을 대표하는 찬양의 제사장들입니다.
모든 성도들이 다 찬양대이며, 찬양을 드려야 할 사람들입니다.
함께 은혜 받고 하나님께 영광을 돌리는 제사장들이 되시기 바랍니다.

2012. 1. 29, 찬양대 헌신예배주일

월삭(月朔) 새벽기도회

예배는 하나님과의 만남입니다.

물론 단순한 만남(meeting)은 아닙니다.

진정한 인격과 인격의 만남(encounter)이어야 합니다.

신격을 가지신 하나님이지만 인격적으로 만나 주십니다.

예배를 통하여, 감사와 기도와 찬송을 통하여 만나주십니다.

하나님은 개인적으로도 언제나 우리와 함께하시는 분이십니다.

그래서 우리들은 기도로 하나님과 대화를 합니다.

우리의 마음을 그 분에게 아뢰는 것이 기도입니다.

감사를 드리고, 자신의 잘못을 고백하며, 바라는 바 소원을 아룁니다.

하나님은 우리의 기도를 들으시며, 반드시 응답해 주십니다.

물론 즉각적인 응답도 있지만

때가 아닐 때에는 보류하시기도 하시고

때때로 거절하심이 바로 응답일 때도 있습니다.

하나님은 우리들에게 교회라는 선물을 주셨습니다.

믿음의 사람들이 함께 모여 예배하고,
함께 기도하게 하기 위함입니다.
교회는 건물(교회당, 혹은 예배당)을 두고 말하는 것이 아닙니다.
그래서 우리는 "믿는 사람들의 모임"을 교회라고 정의합니다.
교회는 예수님을 머리로 하는 주님의 몸으로서
성도들은 그 몸에 붙어있는 지체들일 뿐입니다.

교회는 선교를 목적으로 친교와 봉사와 교육에도 힘쓰지만
교회는 분명히 예배하는 공동체인 동시에 기도하는 공동체입니다.
그래서 주일에도, 수요일도, 금요일도 모입니다.
그리고 특별한 절기가 되면 함께 모여 예배를 드리고 기도합니다.
사순절이나 대림절, 혹은 고난주간을 전후한 특별새벽기도회로, 매
년 새해가 되면 송구영신예배나 새해맞이특별새벽기도회로 그리고
매월 초하루가 되면 월삭예배를 드립니다. 월삭기도회도 성경에 나
와 있는 분명한 절기입니다.

2012. 2. 26

남대문교회와 3.1운동

세상의 빛으로, 소금으로서의 삶을 위하여 몸부림쳐 온 교회가
지금처럼 세상으로부터 멸시를 당하고 천대를 받은 적은 없었습니다.
우리의 책임이겠거니 고백하면서
우리 주께서 말씀하신 종말의 징조 중 하나이겠거니 할 수도 있지만
또 핍박받는 자의 상급이 따로 있다해도 억울한 것은 사실입니다.

그러나 이 날 하루만은 큰소리칩니다.
"기미년 3월 1일 정오에, 터지자 민물같이 대한독립만세!"
남녀노소 빈부귀천이 없이, 한국 사람이라면 누구나 외쳤습니다.
더구나 모든 종교가 하나가 되어 너도나도 이 일에 참여했습니다.
그러나 이 운동을 주도하였던 분들은 교회의 지도자들이었습니다.
또한 남대문교회의 역할에 대해서도 어느 누구도 반박할 수가 없습
니다.

33인 중에 기독교인이 16명이라는 것도 대단한 숫자입니다.
당시 한국 전체의 기독교인수가 천도교인의 1/10에 불과하였습니다.
이 운동을 주도하였던 남대문교회 함태영조사만 하더라도

만약의 경우 지속적인 독립운동을 지도하고,
그 가족들을 돌보기 위해 33인 속에 들지 않고 이 운동을 지도하다
체포되어 옥고를 겪었습니다.
이용설장로님은 당시 세브란스의대 4학년 학생이었습니다.
학생대표로서 3.1운동을 위한 청년들의 동원을 맡았습니다.
당시에는 우편이나 통신이 열악하였고 더구나 검열이 심했습니다.
그럼에도 독립선언서를 전국으로 배포하였는데. 그 책임자가 바로
남대문교회 이갑성집사(제중원 약제사)였습니다.

오늘의 역사가 중요합니다. 그러나 과거가 없는 오늘이 없습니다.
민족을 위해 헌신한 남대문교회의 자존심은
새로운 사명을 깨닫게 합니다.
한국교회의 등대가 되고, 민족의 빛이 되고 소금이 되어야 합니다.
한 사람 한 사람이 이 사회의 거룩한 향기가 되어야 하는 것입니다.

2012. 3. 4. 삼일절 기념주일

솔로몬의 일천번제와
우리들의 정성

다윗의 왕위를 계승한 솔로몬은 온 이스라엘을 거느리고
하나님의 회막이 있는 기브온 산당으로 올라갔습니다(대하 1:1-6).
그 회막 앞에 있는 놋 제단에 일천 마리의 희생을 드렸습니다.

그날 밤 하나님은 솔로몬에게 무엇이든 구하라고 말씀하십니다.
솔로몬은 백성들의 재판을 위하여 '지혜'를 구했습니다.
하나님은 구하지도 않은 부와 재물과 영광까지도 약속하십니다.
우리교회 성도들 중에도 이 이름으로 예물을 드리는 분들이 있습니다.
물론 솔로몬은 일시에 일천 마리의 희생을 단번에 드렸습니다만
오늘날의 성도들은 대개 천 날(약 3년)을 작정하고,
날마다 홀로 기도하거나 예배를 드리며 예물을 드린다고 합니다.
단번에 드린 솔로몬도 대단하지만 천 날의 정성도 감동적입니다.
그리고 실제로 응답을 경험한 분들의 간증들도 많이 듣게 됩니다.

그러나 요즘 이 일에 대하여 부정적인 견해를 가진 분들이 많습니다.
번제는 나누어드리는 것이 아니라 단번에 드리는 것이라는 이야기와

지성이면 감천이라는 것은 성경말씀보다 민간사상이라는 것입니다.
번제란 이미 구약시대로 끝난 기복적인 행위라고도 하고 헌금을 모
으는 방법이라는 극단적인 평을 하는 이도 있습니다.

그러나 솔로몬의 일천번제는 온전히 헌신하는 마음의 표현입니다.
자신을 왕으로 세우시고 나라를 견고케 해 주심에 대한 감사입니다.
자신을 위한 것보다 하나님의 영광과 백성들을 위한 것이었습니다.

단 한 번도 일천번제를 이야기한 적이 없는 우리교회지만
주님의 교회와 그의 영광을 위하여 진실로 기도하며 드린 예물이라면
솔로몬보다도 더 큰 복과 응답을 받게 되리라 저는 확신합니다.
거룩한 뜻으로 천 날을 작정하고 정성을 다해 기도하며 드린 번제라면
시공을 초월하여 하나님께서도 분명히 기뻐하실 예물일 것입니다.

2012. 3. 11

의사소통

서로 대화할 수 있다는 것은 큰 복중의 하나입니다.
말이 통하지 않는 외국에서는 더욱 그렇게 느낄 때가 많습니다.
수많은 젊은이들이 방학이 되면 여행을 떠납니다.
견문도 넓히고 언어도 배우고, 세계와 소통하기 위함일 것입니다.

동물들도 서로 대화를 한답니다.
몸짓과 소리로, 심지어는 자신의 배설물까지 동원해가면서 말입니다.
그렇게 자신들의 종족을 지키고 보존합니다.
동물들도 뜻이 통하지 않을 때는 함께 살아갈 수 없습니다.

지금은 세계화시대라 하여 나라끼리도 소통에 힘을 씁니다.
자국의 이익과 자기 회사의 발전을 위해 몸부림을 칩니다.
분명 개인이든 국가든 홀로 살 수 없는 시대임에 틀림이 없습니다.
의사소통과 대화를 위하여 언어와 풍습을 배우고, 문화를 익힙니다.
서로 사랑하고 하나가 되기 위해서 노력하고 있습니다.

안타까운 것은 같은 말을 사용하며 같은 자리에서 앉아 있으면서도 의사소통이 힘들고 대화가 단절되는 예가 없지 않습니다.
국경이나 언어, 문화의 장벽보다 더 큰 장벽이 있기 때문입니다.
외형적인 도구보다도 마음의 벽을 깨뜨리지 못하기 때문입니다.

주님은 깨뜨리고 오신 분이십니다.
하늘과 땅의 차이를 극복하시고 모든 것을 여시되 죄악이 가득한 이
땅으로 사람의 문화와 옷을 입고 오셨습니다.
진정한 소통은 언어나 문화가 달라서 문제가 되는 것이 아닙니다.

자신을 깨뜨리시고 성육신하신 우리 주님을 닮아보십시오,
먼저 주님과 소통(communication)을 하시고
그 다음에 이웃을 향하여 마음을 여심으로
진정한 소통의 의미를 바로 깨닫는 사순절이 되어야 하겠습니다.

2012. 3. 18

지금은 기도할 때입니다

지금은 정말 기도할 때입니다.
사순절이기 때문에 그렇습니까?
고난주간이기 때문에 그렇습니까?
아니면 특별 새벽기도회로 모이니까 그래야 합니까?
맞습니다! 그것도 사실입니다.

지금은 정말 기도할 때입니다.
총선을 앞 둔 지금! 나라를 위해서 그렇습니다.
전쟁무기 개발에만 몰두하는 북녘 땅! 민족을 위해서 그렇습니다.
굶주리고, 끌려가고, 어려움 당하는 내 동포를 위해 기도해야 합니다.
슬픔과 고난 중에 있는 내 이웃을 위하여 기도할 때입니다.

기도 외에는 방법이 없습니다.
테러와 폭력으로 얼룩진 지구촌 구석구석이 지금 그렇습니다.
재난을 당하여 고통 받고 두려워하는 이 시대가 그렇습니다.
이유도 영문도 모른 채 기아와 질병으로 죽어가는 어린 생명들…

이 문제는 모두 우리들의 문제입니다.
그래서 기도해야 합니다.

찬송이 즐겁고, 말씀이 달고 오묘합니다.
기도 응답의 기쁨보다 더 큰 기쁨도 없습니다.
지금은 정말 눈을 들어 하늘을 바라보며 기도해야 합니다.
정신을 차려야합니다.
주의 음성을 들어야 합니다.
뜨겁게 찬송하며 기도해야 할 때입니다.

신호를 무시하면 사고를 당합니다.
가정을 위해, 가족을 위해,
그리고 교회와 이웃과 나라와 민족을 위해…
세계 열방과 바짝 가까워진 하나님 나라를 위해…
"우리도 주와 함께 죽으러 갑시다!"
'고난주간'을 바라보며 기도하는 사순절 남은 절기가 되게 합시다.

2012. 3. 25

주께 쓰임 받는 사람

아무리 생각해 봐도 하찮은 우리들입니다.
뭐가 그리 대단하기에 하나님은 독생자까지 버리셨을까요?
성경의 대답은 분명합니다. 우리들을 사랑하셨기 때문이라고…
독생자보다도 우리들을 더 사랑하셨기 때문이라고…

그래서 찬송을 부릅니다.
"웬일인가 날 위하여 주 돌아가셨나?"
늘 울어도 그 눈물로 못 갚을 줄 안다고 고백하고
몸밖에 드릴 것이 없어 이 몸을 바친다는 헌신의 찬송도 부릅니다.
정말 감격적인 사랑이며 은혜이며 축복입니다.

착각은 금물입니다.
하나님께서 무엇을 바라서서 그러신 것이 아닙니다.
우리들을 어디에 쓰실 목적으로 우리들을 정결케 하신 것은 아닙니다.
무엇을 하기(DOING)보다는 그 분의 자녀 됨(BEING)이 중요합니다.
그래서 아무런 조건이 없는 사랑으로 우리들을 사랑하신 것입니다.

그렇다고 해서 우리들까지도 그 자리에 늘 머무를 수 없습니다.
하나님의 자녀인 우리들이기에 아버지의 뜻을 알고 순종해야 합니다.
구제나 봉사, 전도를 하지 않았다고 천국에서 제외되지는 않습니다.
우리들은 자녀이기에 자발적으로 충성하고 봉사해야 하는 것입니다.

아무런 조건 없는 그 큰 은혜와 사랑으로 자녀 된 우리들입니다.
분명합니다. 아버지를 영화롭게 하고 그를 즐거워하여야 합니다.
아버지의 뜻을 알고 그 뜻에 순종하는 삶을 살아야 합니다.
주께서 쓰시고자 하실 때 언제든지 사용되어질 수 있어야 합니다.

"주가 쓰시겠다! 하라"(누가 19:31, 34).
예수님의 특별한 사랑을 받은 베다니 사람들처럼
순진한 마음으로 순종하고,
주님을 사랑하는 우리들이 되어야 합니다.

2012. 4. 1. 종려주일

부활의 아침!
이제 시작입니다

부활의 아침입니다.

무덤의 권세를 깨뜨리시고 우리 주님, 할렐루야! 부활하셨습니다.

십자가의 피로 우리의 모든 연약함과 허물을 덮어주신 주님!

그 분은 울고 있는 여인들에게 다시 살아나셔서 찾아오셨습니다.

우리들도 일어서야 합니다.

사순절 내내 기도하면서 주님의 십자가와 고난을 묵상했습니다.

'사순절 기도회'로, 그리고 마지막 두 주간은 '특별 새벽기도회'로!

"우리도 주와 함께 죽으러 가자!"고 외치면서 말입니다.

부활의 권세는 입술에만 머무르면 안 됩니다.

그래서 찬양을 드립니다. 찬양하지 않을 수가 없습니다.

한 걸음만, 정말 한 걸음만 더 나아가야 합니다.

우리의 삶을 통해서 찬양하며 증거해야 합니다.

하나님 나라는 말에 있지 않고 능력에 있습니다.

부활하신 주님이 우리와 함께 하시기에 주저할 필요가 없습니다.
능력 있는 그 분과 함께 하면서 주저주저하는 것은 잘못입니다.
"일어나라! 함께 가자." 말씀하시는 그 분과 함께 일어납시다.

이제는 혼자 나서지 않아야 합니다. 함께 가야 합니다.
부활하신 주님을 더 이상 무덤에서 찾지 맙시다.

무덤 문을 여시고 찾아오신 주님!
분명합니다.
부활하신 그 분이 오셨습니다.
놀라운 역사가 일어날 것입니다.
그러므로 성도 여러분! 이제는 정말 제대로 한 번 시작해 봅시다.

2012. 4. 8. 부활주일

도전! 침노하는 자가 되자

인터넷으로 '도전'이라는 단어를 검색해 보았습니다.
'무한도전', '아름다운 도전', '도전 골든 벨' 등의 기록이 나왔습니다.

우리들은 끊임없이 도전하며 살아갑니다.
역사학자 토인비(Arnold Toynbee)는 그의 저서 "역사 연구"에서
인류의 역사 발전을 위한 원동력을 〈도전과 응전〉으로 보았습니다.
좋은 환경보다 좋지 못한 곳에서 더 뛰어난 문명이 발생된답니다.
절망적 상황이 도전을 만들고 이에 응전하므로 새 것이 만들어지고…
그리고 또 다시 다른 세계나 환경에 도전하게 된다는 것입니다.

부활절 절기와 함께 희망찬 새 봄을 맞이하였습니다.
새로운 생명의 역사를 기대하며 새로운 출발을 재촉하는 계절입니다.
좋은 일만 가득 했으면 좋겠습니다만 늘 그런 것만은 아닙니다.
어떤 이들은 잔인한 4월이라고도 하는 모양입니다.

그러나 어려운 환경, 좋지 못한 여건이 더 이상 거침돌일 수 없습니다.
오히려 어려움이 도전하는 자에게는 새것을 위한 디딤돌이 됩니다.

물론 보디발의 아내의 유혹처럼 피해야 하는 것도 있지만
노예로 팔려가도, 감옥에 끌려가도 의연한 도전이 필요합니다.
그래서 꿈 많던 요셉이 애굽의 총리대신까지 이르게 됩니다.

평탄한 길을 수월하게 걸어가는 것을 도전이라고 하지는 않습니다.
십자가의 길, 주님과 함께 가는 고난의 길이 사실은 복된 길입니다.
좌절하고 낙심하며 엠마오로 내려가던 두 제자에게
우리 주님은 찾아 오셔서 동행하시고 말씀하여 주셨습니다.

우리는 지금도 도전하는 삶을 살아야 합니다.
우리의 도전은 위험하거나 무모한 도전이 아닙니다.
"천국은 침노를 당하나니 침노하는 자가 빼앗느니라"(마 11:12).
주님과 함께 가는 길은 언제나 아름다운 승리가 보장되어 있습니다.

2012. 4. 15

교회도 질병에
걸릴 수가 있습니다

어떤 질병이 있는지 알아야 그 질병을 예방할 수 있습니다.
'생명의 절기'인 4월을 '부흥의 달'로 지키는 이유도
교회의 건강 때문입니다.

첫째, 인구 이동이나 연령 구성으로 인한 질병이 있습니다.

    (1) 인구 감소증 : 급격한 인구 이동으로 생기는 질병으로,

        크게 번성하던 도시가 낙후지역이 되거나 농어촌교회의 경우입니다.

    (2) 노인층 증세 : 역시 인구 이동으로 인한 경우가 많지만,

        오늘날 한국교회가 염려하는 다음세대의 문제와 관계가 깊은 질병입니다.

둘째, 교인들 간의 관계 문제로 생기는 질병도 있습니다.

    (3) 멀쩡한 장님증 : 그룹 심리작용으로 교회 내의 왕따 현상입니다.

        주로 문화적인 차이로 오는 무관심과 오해가 원인이 됩니다.

    (4) 과잉 친교증 : 지나친 친교는 비복음적 교회로 빠지기 쉽습니다.

        가족적인 분위기도 좋지만 외부인에 대한 무관심이 큰 문제입니다.

셋째, 성장하는 교회는 시설 문제로 인하여 질병이 생길 수 있습니다

    (5) 시설 협소증 : 성장으로 인해 좌석이나 주차장이 문제가 됩니다.

       시설은 장기적인 문제이므로 미리 준비가 필요합니다.

넷째, 영적인 문제로 인하여 생기는 질병이 있습니다.

    (6) 영적성장 정착증 : 영적으로 성장하지 못하면 이 질병에 걸립니다.

       지나친 경건이나 전통 강조로 영적 욕구를 채우지 못하는 경우입니다.

    (7) 성 요한의 징후군 : 소아시아의 에베소교회처럼 첫 사랑이 식어서 형식

       적인 신앙으로 유지해 나가는 미지근한 교회를 말합니다.

다섯째, 지도자들로 인하여 생기는 질병이 더 무서울 수 있습니다.

    (8) 과잉 협동증 : 교단이나 타 기관과의 협력도 분명히 필요합니다.

       그러나 지나치면 교회조직에 무리가 따름으로 생기는 질병입니다.

    (9) 지도력 긴장 증세 : 지도자의 역량 이상의 일을 기대하거나 진행함으

       로 자신이 가진 리더십을 효과적으로 발휘하지 못하는 경우에 생깁니다.

육신의 건강을 스스로 지켜야 하는 것 처럼
교회의 건강도 성도들 모두가 스스로 지켜나가야 하는 것입니다.

2012. 4. 22

편하게 사는 법도
배워야 합니다

어렵게 사는 것만큼 손해라는 말이 있습니다.
물론 어렵게 살고 싶어서 어렵게 사는 사람은 없습니다만
어려운 여건이지만 이것을 극복하는 사람들도 얼마든지 있습니다.

믿음의 사람들은 〈하나님의 자녀〉라는 특별한 권세가 있습니다.
부모님은 언제나 자녀들의 이해 여부와 관계없이 주고 싶어 합니다.
하나님도 마찬가지이십니다.
무엇이든 내가 원하는 것보다 더 많은 것을 주기 원하십니다.

어린 아이들은 모든 것을 부모에게 맡기고 살기 때문에 편안합니다.
방법은 하나뿐입니다. 믿음으로 사는 것입니다.
하나님은 우리의 필요와 형편과 고쳐야 할 것을 알고 계십니다,
언제나 일을 그르치는 것은 우리들 자신임을 알아야 합니다.

항상 복잡하게 생각하기 때문에 문제입니다.
주인의식이 없어도 문제지만

내가 아니면 안 된다는 것도 불신앙입니다.
과중한 스트레스도 사실은 잘못된 것입니다.
괴로워하며 고통스러워하는 것도 핑계입니다.
모든 일을 다 그 분에게 맡기고 살면 그렇게 편할 수가 없습니다.

완벽한 믿음으로 산다는 것은 어렵지만
그래도 편하게 생각하고 늘 가벼운 마음을 가지도록 노력합시다.
어렵고 힘든 세상이지만 살 만한 가치가 있는 세상입니다.
그러므로 즐겁고 편하게 사는 비결을 배워야 합니다.

하박국도 하나님께 항의하는 때가 있었습니다(하박국 1장).
그러나 그는 하나님의 음성을 듣게 됩니다(하박국 2장).
결국 그는 편안한 마음으로 감사의 찬양을 드리게 됩니다(하박국 3장).
"비록 무화과 나무가 무성하지 못하고
포도 나무에 열매가 없으며 밭에 먹을 것이 없으며…
나는 여호와로 말미암아 즐거워하며
나의 구원의 하나님으로 말미암아 기뻐하리로다"(하박국 3:17–18).

벌써 이 해의 3분의 1이 지나갑니다.
늘 감사함이 넘치는 복된 삶을 살았으면 좋겠습니다.

2012. 4. 29

어린이날과 꽃주일

어제는 어린이 날, 오늘은 꽃주일입니다.
어린이는 어른들의 발자국 소리도 안다고 했습니다.
어린 시절이 없는 사람은 없습니다.
어린이들은 어른들을 보고 배웁니다.

'나는 자라면 절대로 그러지 않아야지…'라고 생각했던 여러분들은
지금 누구를 닮고 있습니까?
아이들은 부지중에 어른들을 배우고 있는 것입니다.

예수님은 어린이들을 영접하라고 말씀하시며
어른들도 어린아이와 같지 아니하면
천국에 들어가지 못한다는 것을 분명히 하셨습니다(막 9:36-37).
오히려 어린이를 어른들의 선생으로 선포하셨습니다(막 10:14).

당시 유대인들은 어린아이들을 사람의 숫자에도 넣지 않았습니다.
어른들의 부속물 정도로 여겼습니다만 우리나라도 마찬가지입니다.

놈, 자식, 새끼(당시에는 욕이 아니고), 사내, 계집애로 표현함으로
아이들을 부르는 이름조차 없었던 때가 있었습니다.

어린이라는 말은 1920년 소파선생에 의해 주어졌다고 합니다.
그 후 1923년 색동회는 5월 1일을 어린이날로 제정했습니다.
그러나 그 이전부터 교회는 꽃주일로 지켜왔습니다.
1860년 미국의 매사추세츠조합교회가
'샤론의 꽃 장미'라는 프로그램을 가진 후
1868년 감리교회가, 1883년 장로교회가 꽃주일을 지켰습니다.

일찍부터 한국교회는 남녀평등, 금주금연운동과 함께
어린이들의 인격과 권리를 귀히 여기는 운동으로
민족을 계도하며 조국과 인류의 미래를 지켜왔습니다.
어린이는 어른들의 거울입니다.

2012. 5. 6. 어린이주일

청년의 때를 '카이로스'로

청년주일입니다.
언제나 청년들과 같은 청년신앙의 소유자들이 되시기 바랍니다.
비록 20, 30대의 젊은이라 할지라도
청년신앙이 없으면 청년들이 아닙니다.

그러나 60이 되고 70이 되어도 꿈이 있는 사람은 청년입니다.
80세의 나이에 부름을 받은 모세였습니다만
그는 가나안을 향한 이스라엘의 비전을 가진 자였습니다.
120세까지도 당당한 청년의 삶을 산 이스라엘의 청년이었습니다.

청년신앙을 가진 사람은 믿음으로 사는 사람입니다.
여호수아와 갈렙과 같이 긍정적입니다.
"사랑하사" 라고 말씀하셔도 근심하며 돌아가는 부자 청년처럼
세상 것이 아무리 풍부하다해도 믿음이 없고, 부정적이며,
포기하고 돌아서는 사람이라면 결코 청년일 수가 없습니다.

진정한 청년의 기준은 크로노스(물리적인 시간)가 아닙니다.

민음의 청년은 카이로스(하나님의 시간, 하나님의 때)의 사람입니다.
만사에 때가 있고, 범사에 기한이 있습니다.
카이로스의 젊은이들은 사명을 알며, 자신의 시간을 분별합니다.
지금은 바로 그 시간입니다. 자다가 깰 때가 되었습니다.

저는 지금 남대문교회의 모든 성도들의 화살이 되어
선교사들의 카이로스 교육을 위하여 '코타키나발루'에 와 있습니다.
보르네오 섬에 위치한 동 말레이시아의 작은 도시입니다.

우리에게는 우리 시대에 주어진 '카이로스'가 있습니다.
청년의 신앙으로, 청년의 꿈으로, 청년의 열정으로
크로노스(세상의 시간)를 극복합시다.
시대적인 사명을 감당합시다.

2012년 5월 20일 청년주일

나라와 민족을 위한 기도

한국 교회는 대개 6월을 기도의 달로 정해 놓고 있습니다.
6월이 갖는 역사적인 사건과 의미들 때문일 것입니다.
동족상잔의 비극이었던 6.25와 현충일
분단 이후의 중요한 역사적 의미를 지닌 여러 가지 기념일들!
나라와 민족을 위해 기도하자는 뜻에서 그렇게 정한 것 같습니다.

실제적으로도 우리는 당장 나라를 위하여 기도해야 합니다.
정치, 경제, 사회, 문화, 교육 등 사회 모든 분야가 다 그렇습니다.
우리들의 기도를 요구하고 있습니다.
하나님의 특별하신 은혜와 사랑이 필요한 때입니다.

위정자들을 위하여 기도해야 합니다.
여러 지도층 인사들을 위해서도 기도해아 합니다.
서민들을 위한 기도에도 더욱 진력해야 합니다.
어려운 이웃들과 북녘 땅 동포들을 위해 기도하지 않으면 안 됩니다.

오히려 그들에게 우리가 핍박을 받고 고난을 당해도 기도해야 합니다.

아니 그럴 때마다 더 열심히 그들을 위해서 기도해 왔습니다.
교회마다 기도원마다 나라와 민족을 위한 기도로 뜨거웠습니다.

물론 자신을 위한 개인적인 기도도 필요합니다.
비단 6월이 아니라고 해도 우리가 기도는 쉴 수 없습니다.
그러나 이때에 나라와 민족을 위해 더 열심히 기도하자는 것입니다.
이웃을 돌아보며 그들의 아픔을 안고 함께 기도하자는 것입니다.

이웃을 위한 기도!
나라와 민족을 위한 기도!
사실은 이것이 바로 나를 위한 기도이기도 합니다.
더욱 기도에 힘쓰는 복된 6월을 맞이하였으면 좋겠습니다.

2012년 5월 27일

고정 관념

경험은 매우 소중한 것입니다.
과거 역사를 경험 삼아 새로운 길을 모색하는 것!
과거의 실수를 반복하지 않음으로 긍정적인 미래를 설계하는 것!
정말 필요합니다.

그러나 그 경험이 부정적인 자기 고집이 되지 않게 해야 합니다.
더구나 그 결과가 소극적인 고정관념이 되면 더욱 심각합니다.
"해 봤다." "옛날에 다 해 본 것이다." "그래도 안 되더라."

나를 버린다거나 포기하는 일이 결코 쉬운 일은 아닙니다.
사람은 만들어져 갑니다.
교육받은 대로, 생각하는 대로, 훈련된 습관으로, 경험한 대로…
그런데 버리라고 합니다. 포기하라고 합니다. 바꾸라고 합니다.

성경은 날로 새로워져야 함을 강조합니다.
범사에 기회라는 것이 있어서 헐 때가 있고 세울 때가 있으며
지킬 때가 있으면 버릴 때가 있다고(전 3:1-8) 가르칩니다.

우리는 우리의 경험 안에서 실패한 자들임을 알아야 합니다.

새 것이 없는 세상에 살면서도
늘 새로워져야 한다고 교육을 받습니다.
쉽지 않습니다.
새로운 것은 오직 그리스도 안에서만 가능합니다.
"누구든지 그리스도 안에 있으면 새로운 피조물이라"(고후 5:17).
"의와 진리와 거룩함으로 지으심을 받은 새 사람을 입으라"(엡 4:24).

주님 안에서만 가능하기 때문에(요 15:5, 7)
고정 관념을 깨뜨려야 합니다.
예수 그리스도를 믿는 믿음 안에서 기도하며 시작해야 합니다.
그 때가 바로 지금 여기(Here & Now)임을 분명히 하시기 바랍니다.

2012. 6. 3

순교자 기념주일

순교자의 피는 교회의 씨앗이다(터툴리안).
교회는 고난을 통하여 성장한다(라투렛트).
십자가 이후 기독교는 순교의 역사로 이어져왔습니다.
사도들이 그랬고, 초대교회 성도들이 그랬습니다.
2천년의 기독교 역사는 말 그대로 순교의 역사입니다.

더구나 한국교회는 더욱 짙은 순교의 역사를 지닌 교회입니다.
튼튼한 한국교회의 기초는 선교사들의 순교정신과 관계가 깊습니다.
선교 초기 한국교회는 엄청난 수난을 겪었습니다.
한국교회를 말살하려는 일본의 식민지정책과 신사참배는
세계 어느 나라에서도 보기 드문 순교의 피를 뿌리게 했습니다.

남북분단의 비극적인 역사와 6.25의 동족상잔은
더 많은 믿음의 사람들과 기독교 지도자들을 순교하게 하였습니다.
남대문교회는 이 아름다운 신앙유산을 물려받은 교회이면서도
길이길이 후손에게 물려주어야 할 귀중한 사명을 가지고 있습니다.

순교자기념주일의 제정취지도 순교정신을 이어받자는 데 있습니다.
본래적인 기독교 정신으로 돌아가자는 것입니다.
우리 교회는 오늘 순교자 기념주일과 함께
다음 주일을 "한국교회 공식주일예배 기념주일"로 지킵니다.

순교는 '종교를 위한 희생'이라는 사전적 의미 이상의 뜻이 있습니다.
기독교의 핵심은 사랑이며, 순교는 바로 이 사랑의 절정입니다.
퇴폐와 향락적인 문화와 물질만능으로 치닫는 이 시대를 향하여
교회가 가져야 할 사명이 무엇인지를 깨닫게 해 주고 있습니다.

"한 알의 밀이 땅에 떨어져 죽지 아니하면 한 알 그대로 있고
죽으면 많은 열매를 맺느니라"(요 12:24).

2012. 6. 10. 순교자 기념주일

하나님 나라와 교회

"공식주일예배 기념주일"은 우리교회만 지킬 주일이 아닙니다.
온 한국교회와 모든 국민이 다 함께 기뻐하며 감사해야 할 주일입니다.
1885년 6월 21일 주일 저녁!
이 땅에서 처음으로 주일예배를 드렸습니다.
알렌부부와 헤론부부, 스크랜튼 의사의 어머니가 참석하였습니다.
그 후 언더우드와 아펜젤러가 참여하여 예배를 인도하였습니다.
성찬식도 베풀었으며, 세례식도 거행하였고, 절기행사도 진행하였습니다.

그로부터 127년!
6만 교회로 성장한 한국교회는
지금 세계 제일의 선교사 파송국입니다.
선교사 수는 미국이 가장 많지만 교인 비율로 한국을 앞서지 못합니다.
이 땅에 제중원과 남대문교회를 허락하신 그 은혜가 실로 놀랍습니다.

교회는 하나님 나라를 위해 부름 받은 사람들의 공동체입니다.
교회는 하나님 나라 건설을 위한 전위대들입니다(하비 콕스). 그러므로 교회와 성도들은 그 나라를 위하여 해야 할 일이 있습니다.
교회의 목적은 하나님 나라를 건설하고 확장하는 데 있습니다.

하나님 나라는 "하나님의(소유) 나라"입니다.
하나님이 주인이시고, 다스리시며, 함께 하시는 나라입니다.
하나님의 통치는 세상에 국한되지 않으며, 영원무궁한 나라입니다.
그러므로 교회도 가정도 하나님 나라(천국)와 같아야 합니다.

대한민국에 교회를 허락하신 하나님의 뜻을 바로 알아야 합니다.
그 뜻을 이루시기 위하여 교회를 세우시고 우리들을 부르셨습니다.
"지금 여기에서"(now & here) 해야 할 일들이 있음을 알아야 합니다.
하나님의 나라는 이미(already) 이 땅에 임하였고 세우셨습니다.
그러나 아직(Not yet) 우리들의 손길을 기다리는 이들도 있습니다.
한국교회 127주년을 맞으며 우리들은 다시 한 번 다짐해야합니다.
그리고 하나님의 뜻을 바로 알고 깨달아야 합니다.

2012. 6. 17. 한국교회 공식주일예배 기념주일

무릎으로 가는 길

chapter.02

말씀으로
살아야 합니다

맥추 감사 주일

말 그대로라면 보리농사에 대한 감사절기입니다.
그러나 지금은 보리농사를 짓는 사람이 거의 없습니다.
이스라엘은 이 절기를 첫 수확에 대한 감사절기로 지켰습니다.
오늘날의 맥추감사절은 지난 6개월에 대한 감사절기입니다.
한 해의 반을 지켜주심에 대한 감사입니다.

감사는 정말 감사를 아는 사람에게 더욱 넘치게 됩니다.
은혜도 받는 사람이 더 큰 은혜를 받습니다.
사랑도 아는 사람이 더 큰 사랑을 받게 되는 것처럼
감사도 감사할 줄 아는 사람이 더 많은 감사를 누리게 됩니다.
고마워하고 감사하면 우리들도 더욱 많은 것이 주고 싶어집니다.

지난 6개월을 돌이켜 보시기 바랍니다.
힘든 일도 있었습니다. 답답한 일도 있었습니다.
그러나 하나님은 여기까지 이곳까지 인도해 주셨습니다.

이스라엘은 40년을 걸었습니다.

사막 길이었습니다. 고통의 길이었습니다.
그런데 그들에게 하나님은 젖과 꿀이 흐르는 땅을 주셨습니다.
약속의 땅에 이르게 하셨습니다.

그 땅에서 처음 열매를 거두었습니다.
처음으로 그 땅의 소산물을 얻었습니다. 은혜였습니다.
감격이었습니다. 그래서 그들은 맥추절을 지켰습니다(출 23:16).

맥추감사절은 단순히 지난 시간에 대한 감사절기가 아닙니다.
앞으로의 삶도 이끌어 주실 것을 믿는 하나님에 대한 신앙고백입니다.
하나님께 의지하는 믿음의 고백입니다.
이 믿음과 고백으로 승리하는 성도들이 되시기 바랍니다.

2012. 7. 1. 맥추감사절

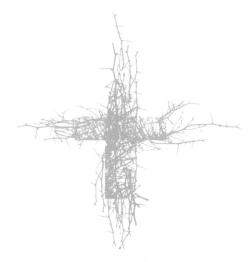

선생님! 감사합니다

7월 둘째 주일은 총회가 제정한 교사주일입니다.
세상에서도 세종대왕 탄생일인 5월 15일을 '스승의 날'로 지켰습니다.
개인적으로 이 날을 챙기는 분들도 많이 있지만
안타까운 것은 그나마 지켜오던 이 날을 '깨끗한 사회'를 운운하며
학교 행사나 공식적인 기념일에서는 제외시켜 버렸다는 것입니다.

'군사부(君師父) 일체'라는 우리의 풍습을 생각한다면,
무군무부(無君無父)가 도저히 용납되지 않았던 것처럼,
스승의 은혜를 잊고 살 수 있다는 생각자체가
너무나 두렵고 떨리는 일입니다.
감사하고 고마워할 줄 아는 것을 가르쳐야 하는 교육현장에서
작은 부작용을 염려하여
너무 큰 것을 놓치고 말았다는 사실이 안타까울 뿐입니다.

교회는 벌써 여러 해 전부터 '교사주일'을 지켜왔습니다.
물론 여름행사를 앞두고
교사들의 헌신과 성도들의 참여를 위한 것이지만

교회만이라도 다음세대를 위해 수고하시는 선생님들을 격려하고
다시 한 번 교육의 중요성을 되새기는
중요한 기회로 삼았으면 좋겠습니다.

세상을 향해서도 교회가 앞장서서 교사들의 교권 회복과
선생님들을 존경하는 사회 분위기 조성을 위해
힘을 써야할 때가 된 것 같습니다.
교사들 스스로도 자신들의 권위 회복에 전력하여야 하지만
교사들의 사기 진작을 위해 힘쓰지 못한 국민들에게도
책임이 있습니다.
'교육이 백년대계'란 말이 무색하지 않으려면
우선 교회에서부터 이 운동이 시작되어야 하며
교회학교 선생님들에 대한 성도들의 자세부터 새로워져야 합니다.
교회학교 교사로 봉사하는 일을 자랑스럽게 생각하던 전통을 되살
려야 하며
온 교회 성도들도 이 일을 위하여 기도하는 일을 계속할 수 있어야
합니다.

2012. 7. 8. 교사주일

하나님 나라에도
법질서가 있습니다

제헌절이 공휴일인 줄 알았습니다.
이제는 공휴일도 아니고 기념식도 국회에서만 열린답니다.

공휴일 여부보다는 '제헌절' 자체가 갖는 의미가 중요합니다.
목사의 기도로 시작된 우리의 제헌국회와 함께
법의 중요성을 생각합니다.
이 땅에 법과 정치가 필요한 이유가 무엇일까요?
바로 질서 때문입니다. 정치질서나 사회질서뿐만 아닙니다.
이젠 경제나 교육은 물론 복지와 민생문제도 정부의 몫이랍니다.

일찍부터 이 일을 맡아 수고한 기관은 교회였습니다.
고아들을 돌보고, 양로원을 짓고, 장애인 복지시설과 모자원까지.
그때는 정부의 보조금도 없었고, 사회적인 후원도 없었습니다.
그럼에도 교회는 '선한 사마리아인'으로 이웃을 섬겨왔습니다.
물론 부작용도 있었고 설명하기 힘든 문제들도 없지는 않았습니다.
그러나 칭찬보다는 비난 받고 있다는 현실은 안타깝습니다.

물론 어떤 이들은 교회가 받아야 할 당연한 핍박이라고 합니다.
약자로서 섬겨오던 교회가 너무나 강한 자가 되어 버렸기 때문입니다.

민생과 복지와 국가질서를 위하여 앞장 서야 할 정부와 국가권력이
더 이상 국민의 신뢰를 잃지 않고 방황하지 않게 하기 위해서는
그 해결의 방법은 국법과 질서 회복의 차원에서 찾아야 하는 것처럼
오늘날의 교회 역시 그 권위와 신뢰 회복의 방법을
세상적인 방식이 아닌 성경과 하나님의 뜻 안에서 찾아야 합니다.

나라의 법질서 회복이 국가나 정부의 겸손한 섬김에서 시작되듯이
교회도 이웃의 약점을 감당하라는 말씀에 순종함으로 시작되며
나라에 국법 질서가 있고, 에덴동산에도 선악과가 있었던 것처럼
하나님 나라에도 그 나라의 법질서가 있다는 사실을 명심해야 합니다.

2012. 7. 15

땅은 딛고 서는 곳,
하늘을 바라봅시다

주님의 종, 인정받는 종이고 싶었습니다.
누가 무어라고 해도 주님만 인정해 주신다면
모든 것이 다 되는 줄로만 알았습니다.
그래서 순수한 열정 하나로 몸부림치며 달려왔습니다.
그러나 중심을 보시는 하나님 앞에서는 언제나 가식일 뿐입니다.
사람은 속일 수 있어도 하나님은 피할 수 없습니다.

때때로 우리의 몸부림은 또 다른 선악과를 손에 들게 할 뿐입니다.
두려워하고 두려워하며, 조심하고 또 조심한다 할지라도 부지중에
저지른 일들은 모두가 다 진노의 자리들이었습니다.
손에 든 선악과는 이미 입에 삼킨 바가 되었고 또 사랑하는 자들에
게까지도 전하고 난 이후였기 때문입니다.

주님의 책망 앞에서 둘러대는 것도 구실과 핑계에 불과합니다.
주인을 바라보아야 할 종의 눈은 이미 땅에 꽂혀 있었고 벗음을 안
이후에는 자기 손으로 무화과 나뭇잎만 찾을 뿐입니다.

땅만 바라보는 우리들을 위하여 주님은 찾아 오셨습니다.
하늘 보좌 버리시고 땅으로 오셨습니다.
선악과도 불순종도 원망과 핑계도 다 묻어버리시려고 무화과 나뭇
잎 다 걷어치우시고 가죽 옷 지어 입히시려고 그 험한 십자가 땅에
세우시려고 우리 주님 이 땅으로 오시었습니다.

땅은 바라보는 것이 아닙니다. 딛고 서는 자리입니다.
주님의 피가 뿌려지고 나의 연약함을 산산이 부수어 묻어 버린 그 땅
은 이제 우리의 미래가 아닌 과거입니다.
종의 자리, 섬기는 자리, 자녀의 자리에 당당하게 버티고 섭시다.
이제 십자가의 사닥다리로 이어진 하늘만을 바라봅시다.

7월 17일. 휴가를 마치며

부끄러워도
주님 앞에는 나와야 합니다

사람들은 부끄러운 일들을 많이 저지르며 살아갑니다.
자녀들 보기에도 그렇고, 남들 보기에도 그럴 때가 있습니다.
정말 부끄럽지 않는 삶을 산다는 것이 얼마나 어려운지 모릅니다.
그래서 저는 늘 이렇게 기도합니다.
"말과 행동이 실수하지 않도록 도와주시옵소서!"
그런데도 돌이켜보면 하루라도 실수를 하지 않는 날이 없습니다.

그렇습니다. 우리는 실수하며 살아가는 사람들입니다.
반복되는 실수가 많음에도 불구하고 부끄러움을 모른다면
사실 그것보다 더 심각한 일도 없습니다.
그래서 실수는 줄여나가야 하고 부끄러운 일이 없도록 해야 합니다.

시험만 치고 나면 실수였다고 변명하는 학생을 담임한 적이 있습니다.
반복되는 실수는 실수가 아니라 실력이라고 이야기해 주었습니다.
드릴라의 무릎 위에서 반복하지 않아야 할 실수를 저지른 삼손처럼
우리들도 반복되는 부끄러움에 면역이 되어가고 있는지 모릅니다.

그래서 더욱 깨어있어야 하고 성령으로 충만해야 하는 것입니다.

우리들은 하나님 앞에서는 머뭇거려서는 안 됩니다.
그 분은 우리들의 모든 것을 알고 계신 분이십니다.
병든 자에게 의원이 필요하듯
주님은 죄인을 위해 오셨음을 선포합니다.
오히려 주님 앞에선 염치없는 사람처럼 되어 기도해야 합니다.
"주의 인자를 좇아 나를 긍휼히 여기시며… 내 죄과를 도말하소서"
(시 51).

주님은 허물이 있어도 부끄럼 없이 나아오는 자를 사랑하십니다.
부족할지라도 주님 앞에 무릎 꿇는 자를 좋아하십니다.
천천의 수양이나 만만의 강수 같은 기름보다 상한 심령을 원하십니다.
사람 앞에 죄를 고백하면 부끄러울 뿐이지만
주님 앞에 통회하고 자복하면 용서함이 있는 곳이 바로 교회입니다.

2012. 7. 29

질서와 배려

이 세상에서 나 홀로 사는 것이 아니기 때문에 질서가 필요합니다.
우주 천체에도 지구뿐이라면 새삼 자연 질서도 필요가 없을 것입니다.
하나님께서도 만물을 지으신 후에 선악과를 금(禁)하셨습니다.
이와 같이 최소한 지켜야 할 규범이 있는데, 이것을 질서라고 합니다.

'질서'라고 하면 윤리나 도덕처럼 규범적인 것을 생각하기 쉽습니다.
우리나라에서도 오늘날과 같지 않았던 그 때에 질서를 강조하는 표어나 포스터들을 참 많이 볼 수 있었습니다.
"질서! 그것은 편하고 아름다운 것이다."
"질서는 바로 생활입니다."

도로의 교통질서나 보행질서만 중요한 것이 아닙니다.
예의나 도덕 뿐 아니라 정치, 경제, 사회, 문화, 교육 등등은 물론
가정생활이나 건강, 복지질서까지도 이야기하는 시대입니다.
그러나 아무리 질서를 이야기한다고 해도 본질적인 것이 중요합니다.

질서는 관계 속에서 이루어지는 섬김과 배려입니다.

나에게 불편함이 있어도 질서는 분명 남을 배려하는 것입니다.
규범이란 최소한의 질서가 무엇인가 살피다 보니 생겼습니다.
그래서 중요한 행사를 앞두고 질서를 거론하는 것입니다.

나 혼자 사는 것이 아니기 때문에 질서가 필요합니다.
서로 양보하고, 도와주고, 섬기는 중에 이웃을 배려하는 것입니다.
어려서부터 수없이 반복되는 과정을 통해 질서를 알고, 배우지만
직접 지키고, 행함으로 실천해 나가는 과정도 꼭 필요합니다.

한국교회와 민족을 섬기기를 원하는 남대문교회입니다.
"사랑과 선행"을 주제로 하는 여름 수련회를 실시합니다.
더욱 섬기고, 배려하고, 봉사하되
이 나라에 회복되어야 질서를 무엇인지 다시 한 번 확인하고
실천하는 복된 기회가 되시기를 간절히 소원합니다.

2012. 8. 12. 전교인수련회 준비주일

조화와 균형

치우치면 문제가 됩니다.
예부터 중용의 덕(中庸之德)이 강조되었습니다.
만용(蠻勇)과 비겁은 한쪽으로 치우친 것이고. 용기는 중용입니다.
절제는 중용의 덕이지만 낭비와 인색은 치우친 것입니다.
겸손해야 함에도 불구하고 교만하거나 비굴함은 치우침입니다.

조화와 균형은 쉽지 않습니다.
아무리 식자우환(識字憂患)이라고 떠들어도 먼저 알아야 합니다.
세상 이치도 알아야하지만 자기 자신에 대해서도 잘 알아야 합니다.
그래서 배우고 익히되 자신의 인격을 도야하기 위해 힘써야 합니다.

무서운 말은 "되는 대로 산다"는 것입니다.
그래서 운명론이 등장하고, 사주팔자가 정해져 있다고 믿습니다.
반대로 자신의 힘을 과신함으로 마구 덤비는 사람들도 있습니다.
되는 대로 살아서도 안 되지만 자신의 힘을 과신해서도 안 됩니다.

옛 사람들은 "하늘은 스스로 돕는 자를 돕는다"라는 말로 하늘의 뜻과 자신의 노력을 조화시키려고 노력 하였습니다.
조상들의 지혜가 돋보이긴 하지만
사람의 힘으로 되는 일은 없습니다.
그래서 우리는 사람을 통하여 일하시는 하나님을 압니다.
그리고 그 말씀을 믿고 따릅니다.

문제는 몰라서 그럴 수도 있고, 잘하려고 하다가 그럴 수도 있지만
지나친 말과 행동으로 남에게 상처를 주는 일은 없어야 합니다.
선하게 살되, 이웃과 조화로운 삶을 산다는 것이 쉬운 일은 아니지만
성경은 언제나 덕을 세우는 일에 힘쓸 것을 권면합니다(롬 15:2).

은혜 받은 우리들이 아무렇게 살아서는 안 된다는 말입니다.
당당하게 살아야 하지만 자기 혼자 하는 것처럼 살아서 안 됩니다.
의지하고 도우며 살아야 하지만 자신의 일을 더 잘 해야 합니다.
쉽지 않지만 조화로운 삶을 사는 지혜를 배워가며 살아야 합니다.

2012. 8. 19

총회주일을 앞두고

다음 주일은 '총회주일'입니다.
총회도 노회와 함께 교회입니다.
우리교회가 소속된 총회는 대한예수교장로회(PCK)입니다.
1907년 처음으로 노회가 만들어져 '독노회'라 불렀습니다.

처음으로 교단의 총회가 조직된 것은 꼭 100년 전인 1912년입니다.
1885년 제중원에서 공식적인 주일 예배를 드린 후 27년 만인,
1887년 조직적인 교회가 세워진 후로부터 25년만의 일입니다.
그러므로 올해의 '총회주일'은 어느 해보다 중요합니다.

우리가 총회를 위하여 기도하는 일은 매우 중요한 일입니다.
더구나 오늘날과 같이 교회가 이웃을 위하여 섬기며 봉사하면서도
사회로부터 신뢰받지 못하고 오히려 지탄을 받는 상황에 이른 것은
개 교회 중심주의나 성장제일주의라는 오해도 한 몫을 하였습니다.

개 교회로 어려운 교회도 있지만 크게 성장한 교회들도 있습니다.
그러나 노회나 총회는 그 자체로서 아무런 경제력이 없습니다.

노회나 총회는 개교회의 상회비로서 모든 활동을 하고 있습니다.
그래서 해마다 총회주일을 지키고 총회를 위한 헌금을 실시합니다.

모든 교회들이 노회나 총회를 위하여 협력을 해야 하는 이유도
노회나 총회도 교회이기도 하지만 바로 이 때문이기도 합니다.
남녀선교회나 청년회, 교회학교도 사실은 마찬가지입니다.
개인이나 가정의 신앙만큼이나 교회의 신앙이 중요합니다.

우리 자신의 신앙을 위하여 점검하고 확인하는 일도 중요합니다.
그러나 가정과 교회를 위하여 기도하는 일도 자신을 위한 것입니다.
무엇보다 노회와 총회를 위한 기도와 협력을 부탁드립니다.
이것이 하나님의 나라를 위한 이 시대의 사명이기 때문입니다.

2012. 8. 26. 총회주일을 앞두고

교회의 일도 자원하는
마음이 있어야 합니다

교회의 직분은 명예나 지위가 아니라 섬기는 직분입니다.

집사의 직무를 총회 헌법은 명확히 규정합니다(정치 제8장 50조).

"교회를 봉사하고 헌금을 수납하며 구제에 관한 일을 담당한다."

권사도 마찬가지입니다.

"교역자를 도와 궁핍한 자와 환난 당한 교우를 심방하고 위로하며
교회에 덕을 세우기 위해 힘쓴다"(정치 제8장 52조).

자격도 마찬가지입니다(정치 제8장 51조 및 53조).

집사 : 단정하고 일구이언치 않으며 깨끗한 양심에 믿음의 비밀을
　　　 가진자로(딤전 3:8-10), 무흠 세례교인으로 5년을 경과한
　　　 30세 이상인 남자.

권사 : 단정하며, 참소하지 아니하며, 절제하고 모든 일에 충성된
　　　 자로서(딤전 3:11), 무흠 세례교인으로 5년을 경과한 30세
　　　 이상인 여자.

임직은 당회의 추천(헌법시행규정 제2장 26조)과 결의(정치 제8장

54조)로 공동의회에서 투표자 과반수의 득표로 선출된 자로서
3개월 이상 당회의 교양을 받은 후
다시 당회의 결의로 임직식을 갖습니다(정치 제8장 55조).

투표는 공동의회로 모이기 때문에 당회가 한 주일 전에 공고합니다.
항존직 후보자를 추천 결의하기 전에 먼저 지원서를 받는 것은
자원하여 섬기는 것이 봉사자의 기본적인 자세이기 때문입니다.
교구 추천위원회의 추천을 받더라도 본인 지원서는 있어야 합니다.

'항존직 후보 지원서'는 '자기 소개서'라고 생각하시면 되지만
본인의 인적 사항과 구역활동이나 교회 봉사 경력과 함께
반드시 앞으로 남대문교회를 어떻게 섬길 것인가를 기록하셔야 합니다.
교구위원회와 당회가 심의한 후에 공동의회에서 투표를 하게 됩니다.

모든 지원서는 9월 16일까지 교구위원회에 제출하여 주심으로
9월 당회에서 심의 및 결의를 할 수 있도록 협력해 주시기 바랍니다.
본 교회 출석 5년 미만의 전입교인은 반드시 이명증서가 필요합니다.

2012. 9. 2. 항존직 선출을 위한 안내

억지로 메는 십자가

처음 새들에게는 날개가 없었답니다.
하나님은 약한 두 다리로 걷는 새들이 측은하여
양 어깨에 무거운 멍에를 그것도 두 개나 달아주셨답니다.
그래서 새들은 집단으로 하나님께 찾아 가서 항의까지 하였답니다.

"하나님! 너무하십니다. 약한 우리에게 멍에까지 지우시다니요?"
그러나 그들은 곧 하나님의 뜻을 알게 되었습니다.
짐승들의 공격을 받게 되었기 때문이었습니다.
그것은 멍에가 아니라 자신들을 지켜주는 날개였습니다.

고난 없는 부활은 없습니다(No Cross, No Crown).
주님도 말씀하셨습니다(마 11:28-30).

"수고하고 무거운 짐 진 자들아 다 내게로 오라!
내가 너희를 쉬게 하리라.
나는 마음이 온유하고 겸손하니 나의 멍에를 메고 내게 배우라
그러면 너희 마음이 쉼을 얻으리니

이는 내 멍에는 쉽고 내 짐은 가벼움이라."

시골에서 구경 왔던 구레네 사람 시몬!
그는 억지로 주님의 십자가를 대신 짊어진 사람입니다(막 15:21).
후일에 그는 좋은 그리스도인이 되었을 것으로 추측합니다.
성경에도 그의 아들 알렉산더와 루포의 이름이 거명됩니다(롬 16:13).
억지로 진 십자가지만 그것은 새의 날개와 같이 복의 통로였습니다.

교회의 직분도 자원하여 맡으셔야 합니다,
더구나 항존 직분은 더더욱 그렇습니다.
주님의 몸 된 교회의 영원한(항존) 청지기가 되겠다는 것은
교회에도 복이 되지만 개인이나 가족, 이웃에게도 큰 기쁨입니다.
억지로라도 이 기쁨에 참여하는 좋은 기회가 되시기를 바랍니다.

2012. 9. 9. 항존직 선거를 앞두고

전도할 문을 열어주소서

우리는 전도할 문을 열어달라고 기도해야 합니다(골 4:2-3).
예수님은 친히 자신을 문(門)이라고 말씀하셨습니다.
"내가 진실로 진실로 너희에게 말하노니 나는 양의 문이라"(요 10:7).
"내가 문이니… 들어가며 나오며 꼴을 얻으리라"(요 10:9).

최초의 대문은 아담과 하와의 범죄로 말미암습니다.
하나님은 이들을 낙원에서 추방하시고
그룹들과 두루 도는 화염검으로 생명나무 길을 지키게 하셨습니다.
이것이 최초의 대문입니다(창 3:24).

우리 주님은 생명나무 길을 여는 문이 되셔서 이 땅으로 오셨습니다.
그리고 애타게 사람들의 마음 문을 두드리고 계십니다.
"볼지어다. 내가 문밖에 서서 두드리노니, 누구든지 내 음성을 듣고
문을 열면 내가 그에게로 들어가 그로 더불어 먹고 그는 나로 더불
어 먹으리라 (계 3:20).

참으로 감사한 것은 우리에게 열린 문이 있다는 사실입니다.

사방으로 우겨 쌈을 당하여도 싸이지 아니하도록(고후 4:8)
하나님은 우리들에게 기도의 문을 열어 놓으셨습니다.
열면 닫을 수 없고 닫으면 열 사람이 없는(계3:7) 그 분의 문입니다.

우리들도 우리에게 주어진 시대적 사명을 감당하기 위하여
무엇보다 성도 한 사람 한 사람이 깨어 기도해야 할 제목은
"전도의 닫힌 문을 열어 주옵소서"라고 부르짖는 일입니다(골 4:3).

예수 그리스도는 친히 문(門)이 되셔서 이 땅에 오신 분이십니다.
길과 진리와 생명이 되신 그 분을 통하지 않고는 불가능합니다.
더구나 전도의 문은 성도들의 간절한 기도를 요구합니다.
우리 마음에 작정한 사람의 마음 문이 열리도록
더욱 간절히 기도하는 여러분들이 되시기 바랍니다.

2012. 9. 16. 전도대장정 선포주일

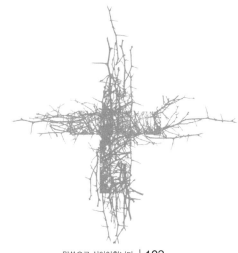

성도들의 사랑 나눔,
복음전도가 우선입니다

그리스도인들이 전도하다 자주 듣게 되는 소리는
"자기들만 잘 믿고 천국 가면 되지 왜 자꾸 사람을 귀찮게 하느냐?"
"종교는 다 똑같은 데 왜 남의 종교까지 간섭하느냐?" 등입니다.
그럴듯한 말이지만 사실은 그렇지 않습니다.

맛있는 음식이 있어도 나누고 싶고
좋은 일이 있어도 함께 기뻐하고 싶은 게 사람의 심정입니다.
천국과 지옥이 있다는 것을 아는 사람들이 그리스도인들입니다.
더구나 그리스도인들은 천국으로 가는 길을 아는 사람들입니다.

아무리 진홍과 같고 주홍과 같은 죄가 있을 지라도
아무리 먹빛보다 더 검은 죄가 있을 지라도
모든 죄 값을 다 지불하신 예수님을 믿으면 온전히 정결케 되고
천국으로 가는 특권을 누리게 된다는 것을 아는 그리스도인들!

아는 사람은 모르는 사람에게 가르쳐 주어야 합니다.

입을 꾹 다물고 침묵하는 자가 참 이웃일까요?
아니면 귀찮아하고 싫어하더라도 이것을 전하는 자가 참 이웃일까요?
그리스도인의 전도 이유는 바로 여기에 있습니다.

세상 모든 종교는 다 똑 같다고 이야기합니다.
누렇다고 해서 다 금이 아니고, 길이라고 해서 다 같은 것은 아닙니다.
잘못 탄 버스는 갈아타게 해야 합니다.
사랑한다고 한다면 반드시 이 길을 가르쳐 주어야 합니다.

"나로 말미암지 않고는 아버지께로 올 자가 없느니라"(요 14:6).
진정으로 우리가 이웃을 사랑한다면 반드시 나누어야 할 복음입니다.
하나님은 이웃을 내 몸처럼 사랑하는 성도들을 더더욱 사랑하십니다.
복음을 전하는 가장 큰 이유는 진정으로 이웃을 사랑하기 때문입니다.

2012. 9. 30. 전도 헌신주일

전도 설계

크고 아름다운 건물일수록 좋은 설계가 필요합니다.
아직 지어지지도 않은 상태에서 설계자는 구상을 합니다.
그 생각된 내용이 구체적으로 도면에 옮겨집니다.
모든 건물은 바로 이 설계도에 따라 건축되는 것입니다.

전도는 하나님 나라를 건설하며
주의 몸된 교회를 세워 나가는 것입니다.
우리 모두는 각각의 지체들로서 그의 몸된 교회를 이루게 됩니다.
우리들은 우리들에게도 전도자가 있었다는 사실을 기억하며,
이 아름다운 일을 위한 계획에 동참할 수 있어야 할 것입니다.

전도 설계는 먼저 전도대상자 작정으로부터 시작됩니다.
복음을 전해야 할 대상자를 마음속으로 결정하는 것을 말합니다.
가족으로부터 이웃, 직장 동료, 친척이나 친구 등
아직 교회에 출석하지 않는 사람들 모두가 전도의 대상자들입니다.

다음으로 그들의 이름을 적어냄으로 자신의 각오를 다집니다.

동시에 성도들과 함께 동역하기 위한 것입니다.
교역자들과 구역 식구들, 남여선교회원들과 협력할 수 있습니다.
무엇보다 이 어려운 일을 하나님께 부탁하는 것이 이 일입니다.

사람의 힘으로 사람을 변화시킨다는 것은 거의 불가능합니다.
더구나 믿음을 갖는다는 것은 엄청난 결단이 필요한 일입니다.
하나님만이 하실 수 있는 일입니다.
그래서 모두가 전도 설계와 함께 작정하는 일에 참여해야 합니다.

최종적으로 우리들이 해야 할 일은 전하는 것입니다.
듣지도 못하면 믿을 수 없고 전하지 않으면 들을 수 없습니다.
전도는 아는 사람들이 모르는 사람들에게 가르쳐주는 것입니다.
전도는 작정하여 기록하고, 기도하며 전하는 일련의 과정을 말합니다.

2012. 10. 7. 전도대상자 작정주일

감사와 헌신

"감사하는 성도여 추수 찬송 부르세
추운 겨울 오기전 염려 없게 거뒀네.
하나님이 우리게 일용 양식 주시니
주의 전에 모여서 추수 찬송 부르세."

대부분의 한국교회는 11월 셋째 주일로 지키지만
우리교회는 10월 3차 주일을 추수감사주일로 지킵니다.
시기적으로도 10월이 우리의 실정에 맞지만
성경 절기로 장막절은 유대 달력으로 음력 7월 보름이기 때문에
이는 오히려 우리의 추석과 같은 절기가 됩니다.

대개 11월에 추수감사주일로 지키게 된 것은 미국의 영향이 큽니다.
종교의 자유를 찾아 신대륙에 정착한 청교도들의 추수감사절은
이유가 있어서(because of~) 감사하는 절기가 아니라
하나님의 은혜에 대한 무조건적인 감사(in spite of~)였습니다.

성경은 범사에 감사하라고 가르칩니다.

추수감사주일은 무엇보다 가을의 축제입니다.
무엇보다도 이웃과 함께 나누는(together~) 감사가 중요합니다.
받은 은혜가 클수록 더욱 나눔을 실천하는 마음을 가져야 합니다.

지난해는 전 세계적으로 경제가 정말 어려운 시기였습니다.
그러나 나름대로 그 어려움을 잘 극복하였습니다.
어느 해보다 잦은 태풍과 폭우와 더위도 잘 피할 수 있었습니다.
하나님 주신 은혜에 감사하지 않을 수 없습니다.

이와 같은 감사가 구체적으로 드러나는 것이 봉사이자 헌신입니다.
받은 은혜가 클수록 더욱 충성할 수밖에 없습니다.
어려울수록 더욱 더 큰 감사로 하나님께 영광을 돌립시다.
이번 주 서울역 광장의 신생교회를 통한 봉사활동도
교회 내 봉사활동은 물론 지역주민을 위한 행사도 같은 의미입니다.

2102. 10. 14. 추수감사절

주님의 명령이기에

우리 교회 장로님과 길을 걸으며 대화하는 중이었습니다.
이런저런 이유로 기쁜이 썩 좋지 않았던 제가 먼저 말을 꺼냈습니다.
"장로님! 선교든 전도든 그만 두고 우리 일만 하는 게 어떨까요?"
"목사님! 주님의 명령인데 우리가 마음대로 하고 말고 할 수 있나요?"

아무 대답이 없이 묵묵히 걸었으나 정신이 번쩍 들었습니다.
우리는 모두 하나님 나라의 백성으로 중요한 명령을 받은 자들입니다.
어떤 말로도 핑계를 하거나 구실을 달아가며 변명할 수 없습니다,
반드시 순종해야만 하는 명령이 주님의 유언인 지상 명령입니다.

전도나 선교는 어려운 일도 아니며 특별한 일도 아닙니다.
마치 학생들에게 공부가 특별한 일이 아니라 일반적인 일인 것처럼
그리스도인이라면 전도도 일상적인 일일 뿐입니다.
전도보다 먼저 확인할 것은 내가 그리스도인인가 하는 것입니다.

만약 공부를 해서 학생이 될 수 있다면 그 얼마나 힘이 들겠습니까?
그러나 학생이기 때문에 공부를 한다면 그것은 보통 있는 일입니다.

마찬가지로 우리가 전도함으로 그리스도인이 되는 것은 아닙니다.
생각을 바꾸어야 합니다. 그리스도인이기 때문에 전도합니다.

이 일은 미룰 수도 없지만 잠깐 하고 그만 둘 일도 아닙니다.
일생동안, 주님 앞에 서는 그 날까지 해야 할 일입니다.
공부하는 방법도, 공부의 종류도 천차만별인 것처럼
전도하는 방법이나 봉사하는 종류도 모두 똑 같은 것은 아닙니다.

몸으로 수고하기도 하지만 기도하는 일이 더 중요할 수도 있습니다.
물질로 돕는 이들도 있지만 여러 가지 재능으로 참여하기도 합니다.
내게 주어진 시간이나 기분에 따라 좌지우지될 수는 없습니다.
평범한 삶 가운데 놀라운 성과로 하나님께 영광을 돌린 간증을 듣고
우리도 전도하는 것보다 먼저 '전도자'가 되었으면 좋겠습니다.

2012. 11. 28

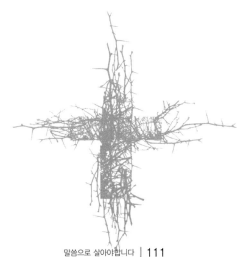

주님의 이름으로
환영합니다

오늘 처음으로 저희 교회에 나오신 여러분!
우리 주님의 크신 이름으로 환영합니다.

흔히 세상에서는 이야기를 한답니다.
예수 믿는 사람들은 자기만 잘 믿으면 될 텐데
왜 자꾸 귀찮게 하는지 모르겠다고 말입니다.

정말 옳은 말입니다.
그럼에도 불구하고 여러분들을 초청한 이유는
정말 여러분들을 사랑하기 때문입니다.
저희들만 갖기엔 너무나 크고 귀한 하나님의 사랑이라 여러분들을
뜨겁게 사랑하는 그 사랑으로 여러분들을 초청한 것입니다.

저희들은 여러분들과 함께 예배드리기 위하여 부족하지만
정성을 다해 준비했습니다.
그리고 여러분들을 사랑하는 뜨거운 마음으로 기다렸습니다.

저희들의 가장 간절한 바람은 처음 교회에 나오신 오늘이
바로 여러분들이 생애 중에 가장 복된 날이 되시기를 바랍니다.
예수님을 만나심으로 여러분들의 삶이 달라지시기를 원합니다.

본래 사람들은 변화를 두려워합니다.
그러나 여러분! 오늘날의 시대적 상황을 잘 분별하시기 바랍니다.
왕복이 없는 편도뿐인 우리 인생이기에
후회가 없는 삶을 사는 방법은 하나밖에 없습니다.

주님은 "내가 곧 길이요, 진리요, 생명"이라고 말씀하셨습니다.
"수고하고 무거운 짐을 진자들은 다 내게로 오라"고 초청하셨습니다.
이 초청에 응하신 여러분들의 삶에 놀라운 복이 임하게 될 것입니다.
이 복이 오늘 함께 하신 여러분들에게 늘 충만하시기를 축원합니다.

2012. 11. 11. 총동원전도 초청주일

남대문교회의 역사

우리교회는 127년의 역사를 이야기하면서도
오늘 교회 창립 125주년 기념 감사 예배를 드립니다.
기독교가 들어와 처음 예배를 드리게 된 당시에는
"이 날이 교회 창립일이다"라고 말하기가 어려웠습니다. 나라에서도
가르치는 일과 치료하는 일만 허락하였습니다.
예배는 철저히 금하였습니다.

1887년 교회라는 이름으로 장로교회와 감리교회가 세워졌으나
1885년부터 언더우드와 아펜젤러가 예배를 인도하며
장감연합으로 말씀을 선포하며, 세례와, 성찬식을 베풀었으나
제중원신앙공동체를 굳이 교회라고 생각하지는 않았던 것 같습니다.

우리교회도 1909년을 교회 창립일로 지켜 온 적이 있습니다.
사학자 박효생목사의 "조선예수교장로회사기"에 근거한 기록과
김광수, 백락준, 민경배의 우리교회 창립일에 대한 고증도
적어도 우리교회의 창립일은 1887년 이전이라는 사실을 확인하였
으나 최초를 말하는 9월과 10월을 양보한 우리교회는 그 해

11월을 교회창립일로 확정한 것입니다.
그러나 당시 배명준 목사님은
언제부터 병원에서 예배를 드렸는지에 대한
확실한 사료를 발견하지 못하였기 때문이라고 언급하셨습니다.
제중원에서 예배를 드린 날짜를 알게 된 것은
〈알렌의 일기〉를 번역한 이 후 입니다.
이 책을 한글로 번역하여 출판된 것은 1991년입니다.

1885년 6월 21일부터 예배를 드린 것은 분명하지만 여전히 병원에
서 시작된 예배를 교회의 역사로 인정할 것인가?
알렌의 신분 문제와 말씀 선포와 성례식 외에
권징이 실시 될 수 있는 교회였는가 때문에 창립일자 결정에는 학계
의 공식적 검증이 필요하다고 합니다.

사랑방에서 몇 명이 앉아 예배를 드려도 교회설립을 인정하지만
우리 교회 역사는 단순한 개교회의 역사가 아니기 때문에 무척이나
인색한 과정이 필요하다고 합니다.
그러나 정말 중요한 것은 한국 교회의 어머니로서
그 역할을 잘 감당하며 민족의 내일을 위한 우리의 사명이
무엇인지를 바로 알고 행하는 것임을 잊지 않아야 합니다.

2012. 11. 18. 교회창립기념주일

관용과 사랑

그리스도인들이 그리스도인 된 것은 하나님의 사랑 때문입니다.
우리는 하나님이 은혜로 거룩한 성도가 된 자들입니다.
그러므로 우리들도 마땅히 그리스도의 사랑을 실천하여야 합니다.
"우리 강한 자가 마땅히 연약한 자의 약점을 담당하고"(롬 15:1).

주님의 십자가도 우리의 약함을 친히 담당하시기 위함이었습니다.
우리들도 남의 허물과 약점을 비방하지 않는 정도가 아니라
그들의 허물과 약점을 내가 담당할 수 있어야 하는 것입니다.
"믿음이 연약한 자를 너희가 받되 그의 의심하는 바를 비판하지 말라."

성도들에게 연약한 자의 약점을 비판하지 말라(롬 14:1)고 명령한 후
바울은 바로 15장에서는 너희가 그 약점을 담당하라고 명령합니다.

식물도, 한 포기의 풀도, 한 그루의 나무도 사랑을 압니다.
동물도 사랑을 베풀면 그 주인을 압니다(사 1:3).
모든 그리스도인들은 주님의 사랑과 십자가로 구속 받은 자들입니다.
물론 교회는 다양한 사람들이 모여 함께 살아가는 공동체입니다.

믿음과 사랑과 소망으로 하나 된 믿는 사람들의 모임입니다.

사랑과 관용과 용서가 교회 안에서만 머물게 해서는 안 됩니다.
남의 허물과 약점은 들추거나 비방하기 위한 것이 아닙니다.
우리 그리스도인들이 감당해야 할 십자가입니다.
세상이 메마르고 혼탁하고 어둡고 답답하다고 이야기하기 전에 먼저
우리에게 관용과 질서, 빛과 사랑의 실천 의지가 필요합니다.
이러한 의지와 결단이 없는 전도나 선교, 봉사와 섬김은
자칫 가식적이 되거나 형식적인 것으로 끝나버릴 수가 있습니다.

사랑과 관용의 실천은 교회 안에서도 꼭 필요하지만
교회로부터 세상으로 흘러넘쳐야 할 교회의 중요한 덕목입니다.

2012. 11. 25

또 한 해가 저물어 갑니다

늘 그랬던 것처럼 크리스마스 다음 주일이 송년주일이다 보니
한 해를 보낸다는 아쉬움도 있지만 성탄절 분위기 그대로입니다.
잔치 집과 같은 기쁨으로 한 해를 보내고
또 같은 마음으로 새해를 맞는 것도 매우 바람직한 일일 것입니다.

누구나 새해를 맞이할 때는 대단한 각오와 다짐으로 출발합니다.
그러나 막상 한 해를 보내며 느끼는 아쉬움은 마찬가지입니다.
그래서 우리 선조들은
세월은 흐르는 물이나 쏘아버린 화살에 비유하면서
지나간 시간에 대한 안타까움을 표현하기도 했습니다.

따지고 보면 안타깝거나 후회스러운 일들만 있는 것은 아닙니다.
어제가 없는 오늘이 없고, 과거가 없는 미래가 없는 것처럼
오히려 지나간 아쉬움만큼이나 다가오는 내일에 대한 소망이 있습니다.
못 다한 일이나
부족함을 만회할 수 있는 기회에 대한 기대가 있습니다.

우리는 설교 시간을 통해 발자국에 대한 이야기를 많이 들었습니다.
자신은 몰랐지만
평생을 함께 하시며 나란히 걸어오셨던 주님의 발자국!
그러나 정작 힘들 때 주님은 어디 계셨냐고 여쭈었더니
"그건 네 발자국이 아니고 널 업고간 내 발자국이다"라고 하셨답니다.

그렇습니다. 주님은 언제나 믿음의 사람들과 동행하십니다.
지난 한 해도 우리 주님이 함께 하셨기에 우리가 여기까지 왔습니다.
그 어렵고 힘든 중에서도 우리를 안고 엎고 여기까지 인도하셨습니다.
그러므로 우리들이 한 해를 보내며 가져야 할 자세는 감사입니다.

그래서 우리는 송구영신 예배를 드립니다.
이어서 새해맞이 특별 새벽기도회를 갖게 됩니다.
감사의 흔적만 남길 수 있는 우리 모두가 되었으면 좋겠습니다.
새로운 꿈과 비전으로 새로운 출발을 다짐하면 좋겠습니다.

2012. 12. 30. 송년주일

새해를 맞는
청지기의 고백

우리는 청지기(steward, stewardess)들입니다.
하나님은 올해에도 우리들에게 기회를 주셨습니다.
2013년이라는 시간도 우리가 관리해야 할 대상입니다.

청지기는 모든 것이 자기 것이 아니라 주인이 있다는 말입니다.
몸도, 건강도, 가정도, 재능도, 물질도, 교회도, 직장도 모두다
주님께서 성도들에게 잘 다스리고 관리하라고 맡겨 주신 것입니다.

청지기는 주인의 뜻을 알고 그 뜻에 따라 순종해야 합니다.
세상의 모든 것이 다 하나님에 의해 창조되었으며(창 1:1, 요 1:3)
하나님의 것(시 24:1, 학 2:8)이므로
하나님이 다스리십니다(대상 29:11).

하나님의 사람들이 그렇게 순종하며 살았습니다.
주님도 동산에서 "내 뜻대로 마옵시고"라고 기도하셨고(마 26:36-46)
아브라함도 이삭을 데리고 모리아 산으로 올라갔습니다(창 22:1-12).

요셉은 보디발의 가정과 애굽 궁전,
그리고 자기 가문의 청지기로 섬겼고,
솔로몬은 재능으로,
이사야는 말씀으로,
바울은 복음으로 섬겼습니다.

착하고 충성된 종도 있지만
악하고 게으른 종도 있습니다(마 25:14-30).
그러나 주님은 주인의 재물을 허비한 불의한 청지기일지라도
주어진 기회를 지혜롭게 처리한 것을 칭찬하십니다(눅 16:1-8).

비록 우리가 부족하였다 할지라도 새해는 분명히 주어진 기회입니다.
포도원에 무화과나무를 심은 주인이 삼년을 기다렸습니다.
그러나 소출이 없자 주인은 찍어버리라고 명령합니다. 그 때에 청지
기는 주인에게 간청을 합니다(눅 13:6-9).

"주인이여 금년에도 그대로 두소서. 내가 두루 파고 거름을 주리니
이후에 만일 열매가 열면 좋거니와 그렇지 않으면 찍어버리소서!"

2013. 1. 6. 신년주일

교회학교 교사는?

교사는? 무엇보다 잘 가르쳐야 합니다.
교사라는 말은 가르치는 사람이라는 뜻입니다.
잘 가르치려면 무엇인가 알아야 합니다.
그래서 교사도 배워야 하며 훈련을 받아야 합니다.

교사는? 감동 감화를 줄 수 있어야 합니다.
교육이 지식의 전달에 그치는 것이 아니기 때문입니다.
그러므로 신앙적인 경험이 필요합니다.
예수님의 마음으로 학생들을 품고 사랑할 수 있어야 합니다.

교사는? 구체적인 삶의 모범이 되어야 합니다.
실천적인 삶이 따르지 않는 가르침은 죽은 교육이기 때문입니다.
신앙이란 예수 그리스도를 따르는 삶입니다.
머리(지식)와 가슴(감동)이 손발을 통해 구체화되어야 합니다.

학자 겸 제사장인 에스라도 먼저 율법을 연구하여 준행하였습니다.
그 후에 그 율례와 규례를 가르치기로 결심하였습니다(스 7:10).

흔히 순서가 그렇게 중요한 것이냐고 할지 모르지만
다음세대를 위해 가르치는 사람들에게는 순서가 중요합니다.

신앙교육의 가장 중요한 주역은 부모들입니다.
부모들이 먼저 자녀들의 신앙을 위한 멘토가 되어야 합니다.
교회교육의 가장 중요한 교사는 성도들입니다.
교회에서 보고 듣는 모든 것이 이들의 신앙과 직결되기 때문입니다.

물론 하나님의 일은 하나님이 하시므로 교회교육을 책임지시는 분은
주님이시고 우리들은 몽학선생에 불과합니다.
실제적인 신앙의 양육을 맡은 이들은 교회학교 교사들입니다.
이들의 진정한 헌신이 필요합니다.
이들의 헌신이 없이는 교회교육의 미래도 보장할 수 없기 때문입니다.

2013. 1. 13. 교사헌신주일

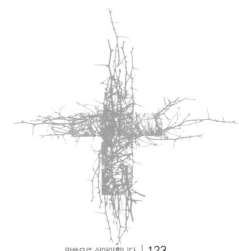

교회와 선교

모든 교회는 주님의 교회입니다.
주님은 그의 나라를 위해 이 땅에 교회를 세우겠다고 말씀하셨고
승천하신 후 친히 성령을 보내셔서 교회를 세우셨습니다.

선교의 목적은 하나님 나라의 건설과 확장입니다.
그래서 교회는 세워짐과 동시에 바로 선교로부터 시작했습니다.
사도들이 각기 다른 방언으로 복음을 전하기 시작하였던 것입니다.

그 이후에도 교회의 존재목적은 선교였습니다.
안 믿는 사람들을 믿게 하며,
믿는 사람들은 더 잘 믿게 하는 것이 교회가 존재하는 이유입니다.

교회는 교회 그 자체로서의 체제가 필요하였습니다.
그래서 교회는 점점 조직화되고 제도화되어 갔습니다.
교회가 가진 본래적인 목적이 점점 더 희석되어지기 시작한 것입니다.

더구나 중세시대의 교회가 권력화 되면서부터

교회의 세속적인 힘은 강해져갔으나
그 본래의 기능인 선교에 대한 관심은 점점 더 쇠약해져갔습니다.
교회의 본질은 복음이며, 교회의 주요 기능은 선교,
곧 복음 전파에 있습니다.

선교는 교회의 부분적 특수 기능이 아닙니다(David J. Bosch).
즉 예배, 교육, 봉사, 친교와 같은 여러 기능 중에 하나가 아닙니다.
선교는 이 모든 기능 자체를 아우르는 '교회의 존재 자체'입니다.

선교는 해도 되고 안 해도 되는 것이 아닙니다.
그래서 우리는 매월 넷째 주일을 선교회비 헌금주일로 지켜왔고
마지막 금요일을 선교를 위한 특별 부흥기도일로 지킵니다.
특히 새해에는
선교사 파송을 위한 새로운 선교(원텐텐)운동을 시작합니다.

2013. 1. 20

찬양의 이유와 봉사자의 자세

찬양은 언제나 예배의 가장 중요한 요소였습니다.
모세(출 15장)와 사사들(삿 5:2, 9)과 다윗의 찬송(시 34:1-3)!
그리고, 계시록은 여호와를 찬양하는 찬송으로 가득 차 있습니다.

바울도 감사함으로, 즐거운 마음으로,
손을 들고 찬양할 것을 권면합니다.
시와 찬미와 신령한 노래(엡 5:19-20, 골 3:16-17)를 강조하였으며
감옥에 갇혔어도(행 16:24-26) 찬양의 능력을 보여 주었습니다.

초대교회에도 모일 때마다 떡을 떼며 찬미하였습니다(행 2:43-37).
성경에는 400회나 찬송과 찬양을 언급합니다.

찬양은 모든 성도들의 신앙생활에 필수적인 것입니다.
인간 존재의 목적 자체가 찬양입니다(사 43:21).
"이 백성은 내가 나를 위하여 지었나니 나를 찬양하게 하려 함이니라."

모든 소리의 주인인 하나님께서 친히 명령하셨습니다.

"호흡이 있는 자마다 여호와를 찬양할지어다"(시 150:6).
이유가 있어서가 아닙니다. 명령이므로 순종해야 합니다.

무엇보다 찬양에는 능력이 있습니다.
사울 왕이 귀신들렸을 때에 다윗이 수금으로 하나님을 찬양하자
악령이 떠나고 사울이 상쾌하여 나았다고 했습니다(삼상 16:23).

우리 모두는 찬양을 위한 봉사자가 되어야 합니다.
진지한 믿음으로, 확신을 가지고 찬양을 해야 합니다.
소리도 중요하지만 심령의 열정으로 뜨겁게 찬양해야 합니다.
온 몸으로, 모든 것으로(춤추며 손뼉을 치며) 찬양을 드려야 합니다.
자기 흥을 위한 것이 아니라 춤과 손뼉 그 자체가 찬양입니다. 온 몸
과 모든 삶 전체가 다 찬양이 되도록 하라는 말씀입니다.

2013. 1. 27. 찬양대 헌신주일

건강하게 삽시다(명절의 덕담)

누구나 명절이 되면 덕담 한 마디쯤은 합니다.
가장 많은 덕담이 "건강하세요!"가 아닐까 생각됩니다.
세상에서 말하는 가장 큰 복은 '건강'이기 때문일 것입니다.

"너희가 주 안에서와 그 힘의 능력으로 강건하여지고"(엡 6:10).
성경도 늘 강건해야 함을 강조합니다.
육체적인 건강만을 이야기하지는 않습니다.

건강한 가정!
든든한 사업!
물질적 건강도 함께 누리시기 바랍니다.

세상에서도 물질이나 명예나 권세는 잃어도 부분적인 것이지만
건강을 잃게 되면 모든 것을 잃게 된다고 가르치고 있습니다.
우리의 덕담 중에서 건강을 빼놓을 수는 없었던 것입니다.
우리 조상들도 수신제가(修身齊家)를 가르쳤습니다.
가정이 건실하고 건강해야 사회도 국가도 건강합니다.

그러므로 명절 덕담 중에는 가정을 위한 축복이 따라야 합니다.

성경은 '돈은 일만 악의 뿌리'라고 하지는 않았습니다.
"돈을 사랑함이 일만 악의 뿌리"(딤전 6:10)라고 했습니다.
건전한 삶은 통한 바른 부의 소유는 오히려 자랑스러운 일입니다.
주님께 더 큰 영광을 돌리기 위해서라도
모든 성도들이 풍족한 부를 누렸으면 좋겠습니다.

그러나 우리들에게 있어서 가장 중요한 것은 역시 영적인 건강입니다.
대적 마귀가 우는 사자와 같이 삼킬 자를 찾고 있는 이 시대에
온전히 승리하는 성도들이 되기 위해서라도
영적인 건강이 필요합니다.
이번 명절의 덕담 중에는
영적인 건강을 위한 기도의 나눔이 필수일 것입니다.

2013. 2. 10. 설날 아침

봄이 오는 소리

유난히도 추운 겨울이었습니다.
아직도 더 매서운 꽃샘추위가 우리를 기다리고 있을 지도 모릅니다.
그러나 겨울이 지나면 봄이 온다는 순리는 어쩔 수가 없습니다.

그 눈바람 속에서도 교회 앞 목련나무는 꽃눈을 머금고 있습니다.
새벽녘 영하의 추위도 햇볕만 나면 따뜻한 봄 날씨로 변합니다.
하나님께서 만드신 창조 질서가 신비롭기만 합니다.

우리들의 삶도 마찬가지입니다.
힘들고 어려운 때가 있어도 말씀의 순리에 따라 살아야 합니다.
봄이 옵니다.
분명히 인생의 봄도 찾아오기 마련입니다.

봄(축복) 심방이 시작되면서 수원1구역 심방을 위해 기차를 탔습니다.
표를 검사하는 사람도 없고, 개찰구도 그대로 개방되어 있었습니다.
밀고 밀리면서 검표를 하던 옛날과는 너무나 큰 차이입니다.
이런 날이 오리라고는 생각도 못하던 시절이 있었는데…

예배 후에는 집사님들이 점심 도시락 이야기로 꽃을 피웠습니다.
지금은 무상 급식을 이야기하고 있으니 정말 놀라운 변화입니다.

해마다 맞게 되는 봄이지만 올해는 좀 달랐으면 좋겠습니다.
이렇게 시대가 변하고 과거에는 꿈같은 일들이 현실이 된 것처럼
사순절과 고난주간, 부활절을 맞으면서
영적인 삶도 그랬으면 좋겠습니다.

새 대통령 취임식이 바로 내일입니다.
불과 한 주일도 남지 않은 삼일절공식행사에도 예배순서를 넣자는데
새로운 시대를 향한 봄의 소식인 것 같아서
벌써 가슴이 두근거립니다.

사방에서 봄이 오는 소리가 들려오는 지금!
2월이 가는 이 마지막 주일 아침에
우리들의 봄맞이 준비는 어느 정도인지 다시 한 번 확인해 봅시다.

2013. 2. 24

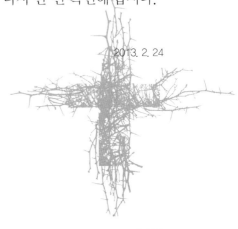

덤으로 사는 우리 인생

지은 죄로 따지면 벌써 죽어도 몇 번 죽어야 할 우리 인생입니다.
그럼에도 불구하고 이렇게 사는 것을 보면 모두 하나님의 은혜입니다.
하나님은 우리의 죄를 간과(看過)하십니다.
"그 불법을 사하심을 받고 그 죄를 가리우심을 받는 자는 복이 있고
주께서 그 죄를 인정치 아니하실 사람은 복이 있도다"(롬 4:7-8).

은혜는 은혜로되 그냥된 것은 아닙니다.
"그가 찔림은 우리의 허물을 인함이요
그가 상함은 우리의 죄악을 인함이라.
그가 징계를 받음으로 우리가 평화를 누리고
그가 채찍에 맞음으로 우리가 나음을 입었도다"(사 53:5).

결국 주님께서 우리가 치러야 할 죄의 대가를 대신 치러주셨고
친히 십자가 위에서 모진 고난을 당하시고 죽으셨기 때문입니다.
그런데 죽으신 그 분이 살아나셨습니다.
부활하셨습니다.

더 크고 놀라운 일은 바로 덤으로 살게 해 주신 이 사건입니다.
아담 안에서 모든 사람이 죽은 것 같이
부활하신 그리스도 안에서 모든 사람이 삶을 얻게 됩니다
(고전 15:22).
우리들 모두는 주님과 함께 십자가 위에서 죽었습니다.
"무릇 그리스도와 합하여 세례를 받은 우리는
그의 죽으심과 합하여 세례를 받은 줄을 알지 못하느뇨"(롬 6:3-4).

우리들의 삶은 덤으로 사는 인생입니다.
죽었고 죽어야할 우리들이 주님과 함께 죽었다가 다시 살았습니다.
"내가 그리스도와 함께 십자가에 못 박혔나니…"(갈 2:20).

하나님의 아들을 믿는 믿음 안에서 사는 성도들이기에
덤으로 사는 인생답게 주의 뜻에 순종하는 새 삶이 되게 합시다.

2013. 3. 31. 부활주일

양극화 문제를 안고 골방으로

동서양을 막론하고 강조되어 온 덕목이 중용지덕(中庸之德)입니다.
과(過)하지도 말고, 부족하지도 말라는 이야기입니다.
절제는 낭비와 인색함의 중용이며,
용기는 만용과 비겁함의 중용입니다.
바른 판단은 참된 지혜에 있음을 강조하며 가르쳐 왔던 것입니다.
그러나 현실은 이론처럼 그렇게 쉽지 않았습니다.
언제나 보수와 진보가 있고
똑 같은 사안에도 찬성과 반대가 있었습니다.
바리새인과 사두개인의 다툼이나,
히브리파와 헬라파의 반목도 있었습니다.

조화가 아름다운 것이기에 철학은 정반합의 변증법을 도입하였고
정치는 민주주의 제도로서의 다수결을 강조하였습니다.
소위 학문은 보편적이고 객관적인 것을 추구해야 한다는 전제로
오히려 그 한계와 범위문제 때문에 갈등하고 고민합니다.
그러나 한국교회 지도자들은 지금 우리들을 어지럽게 합니다.
한때 반미(反美)다 친미(親美)다 하며 서울 시청 앞 광장을 메우더니

이제는 W.C.C. 부산 행사를 두고 길거리까지 나와서 소리칩니다.
성도들에게 어느 것이 희고 검은지조차 구별하기 어렵게 만듭니다.

이럴 때 우리가 돌아가야 할 곳은 하나뿐입니다.
바로 성경입니다.
물론 아전인수(我田引水)격으로 해석하는 일도 없어야 합니다.
공부방에서 골방으로 한 걸음 더 나아가야 합니다.
그래서 성령님의 음성을 들어야 합니다.

오늘의 한국교회 분열과 양극화 현상은 상호간의 불신 때문입니다.
우리교단은 에큐메니칼 운동을 주도하고 WCC를 주관하지만
일방적으로 매도하고, 오해를 불러일으키며,
분열을 자극하는 이들까지도
억측과 모함과 반대를 위한 반대자들까지도
우리는 안고 가야만 합니다.
분단된 민족문제도 이와 함께 품고
우리는 지금 골방으로 들어가야 합니다.

2013. 4. 7

말씀으로 살아야 합니다

"사람이 떡으로만 살 것이 아니요,
하나님의 입으로 나오는 모든 말씀으로 살 것이니라"(마 4:4).

떡도 필요합니다. 그러나 말씀으로 살아야 합니다.
말씀을 알아야 합니다. 말씀대로 살아야 합니다.

모세시대에는 하나님께서 직접 말씀하셨습니다.
이 시대에는 기록된 말씀인 성경이 있습니다.
그러므로 성경을 읽고, 그 말씀을 깨달아 지키는 것이 중요합니다.
하나님은 오늘날 이 시대에도 여전히 우리들을 향하여 말씀하십니다,

그리스도를 통하여 구체적으로 보여주신 계신된 말씀도
성경을 통하여 가르쳐 주시는 기록된 말씀도
설교를 통해 풀이해 주는 선포된 말씀도
분명히 우리에게 주시는 말씀입니다.
말씀은 약속입니다. 그러므로 말씀대로 살아야 합니다.

말씀은 그리스도인의 영적인 양식입니다.
날마다 말씀을 읽으므로 영적 양식을 취해야 합니다.
먹지 않고 살 수 없듯이 말씀 없이는 살 수 없는 그리스도인들입니다.

말씀을 읽는 자와 듣는 자와 그대로 지키는 자가
복이 있다고 했습니다.
어떤 방법으로든지 말씀을 듣는다는 것은 정말 중요합니다,
그러나 들은 대로 지키는 것이 더욱 중요할 것입니다.
가장 중요한 것은 말씀을 읽는 일입니다.
성경을 읽어야 합니다.

교회는 누구에게나 구별 없이 성경읽기보고서 나눠드렸습니다.
2013년에도 두 번째 성경읽기보고서가 배분되었습니다.
늦지 않았습니다.
살기위한 일입니다.
지금이라도 말씀으로 살아야 합니다.

2013. 4. 14

우리 모두 장애인들입니다

우리 모두는 장애인들입니다.
영적으로 보면 더욱 그렇습니다.
하나님의 자녀임에도 이 사실을 알지 못하였고 주어진 길이 있어도
그 길을 찾지도 못하고, 걷지도 못했습니다.

그래서 주님께서 오셨습니다.
우리의 길을 열어주시고, 우리의 장애를 치료해주시고
우리의 연약함을 위하여 자신의 몸을 던져 고쳐주셨습니다.
그래서 연약한 우리들이 강한 자가 되었습니다.

"믿음이 강한 우리는 마땅히 믿음이 약한 자의 약점을 담당하고
자기를 기쁘게 하지 아니할 것이라.
우리 각 사람이 이웃을 기쁘게 하되 선을 이루고 덕을 세울지니라"
바울은 그리스도께서도 그렇게 하셨음을 강조합니다(롬 15:1-3).

우리에게는 많은 이웃이 있습니다.
그 중에서도 육체적인 장애를 가지신 분들이 가장 힘들어 하십니다.

우리 주님께서 하신 것처럼 할 수 없는 우리들이지만
육체적으로 강한 우리들이 그들의 연약함을 감당해야 합니다.

더욱 분명한 것은 육체적으로 누구나 장애인이 될 수 있습니다.
그만큼 우리 자신이 연약하기 때문이기도 하지만
시대적 환경이 누구든 가능성이 높은 상황입니다.
나 자신도 언제든지 장애를 가질 수밖에 없는 시대라는 것입니다.

그래서 우리는 장애우들을 위한 주일을 지키며
무엇보다도 주님의 말씀에 의지하여 나 자신을 돌아보자는 것입니다.
'작은이들의 벗'이 되고 '작은이들의 희망이
되자'는 것입니다.
최고의 사랑으로 그들을 기억하고,
그들의 꿈을 응원하는 우리들이 되고
크고 작은 자들이 구별 없는 아름다운 천국을 이뤘으면 좋겠습니다.

2103. 4. 12. 장애인주일

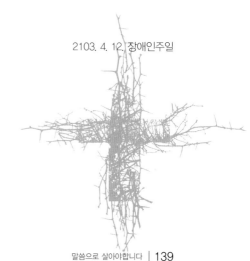

무성한 가지가 담장을 넘었도다

야곱은 머나먼 애굽 땅에서 삶을 마감하게 됩니다.
그는 사랑하는 아들들을 불러 모은 다음 축복합니다.
그 중에서도 요셉을 두고 "너는 무성한 가지"라고 축복합니다.
"곧 샘 곁의 무성한 가지라. 그 가지가 담(장)을 넘었도다"(창 49:22).

저는 언제나 성도들을 위하여 '넘치는 복'을 받도록 기도합니다.
샘 곁의 가지가 무성한 것처럼 주님과 동행하는 자가 복을 받습니다.
그 복이 담장을 넘는 복이 되어야 합니다.
누리기도 하지만 드리고 베풀고 나누는 복이 되어야 합니다.

오늘은 우리 총회가 제정한 '군 선교 주일'입니다.
남대문교회가의 '사마르칸트기독교회 창립기념주일'이기도 하고요.
물론 넘치고 남아서 베풀고 나누고 선교한 것은 아니지만
하나님은 이렇게 선교하기 때문에 복을 주십니다.

한국교회의 부흥을 경제와 결부시켜 이야기하는 이들이 있습니다.
그러나 한국교회는 경제성장 때문에 부흥한 것이 아닙니다.

교회가 성장하였기 때문에 경제가 성장하였다는 것이 중요합니다.
또 교회가 성장하였기 때문에 선교사를 많이 파송한 것이 아니고
선교사를 많이 파송하니까 교회가 성장하고 나라가 부흥한 것입니다.

복의 근원이신 하나님은 언제나 우리에게 복주시기를 원하십니다.
그래서 많은 선교계획을 세우게 하셨습니다.
해외 선교는 물론, 군선교, 병원선교, 교도소선교, 학원선교 등등
우리에게 주어진 일들이 우리들에게는 과분하다는 생각도 듭니다.
그러나 이 일은 하나님의 일입니다.
하나님의 일은 하나님이 하십니다(창 49:25).
그래서 이 일은 네 아버지의 하나님께로 말미암은 것이라 선언합니다.

2013. 4. 28 군선교주일

꽃주일, 꽃동산

오늘은 '어린이 날'이자 교회에서 지키는 '꽃주일'입니다.
〈어린이〉라는 말이 있기 전부터 교회는 어린이주일을 지켰습니다.
그 때에는 어린이주일을 〈꽃주일〉이라고 불렀습니다.
'어린이'는 1920년 소파선생의 어린이운동에서 주어진 말입니다.

꽃주일은 1860년 미 매사추세츠주 조합교회의
어린이들을 위하여 "샤론의 장미꽃"이라는 프로그램으로부터 시작
됩니다. 1868년 미 감리교연회에서 6월 둘째 주를 꽃주일을 정하였
고 1883년 장로교와 조합교회가 같은 주일을 꽃주일로 정했습니다.

어린이들을 귀하게 여기고 높이신 분은 예수님이십니다.
어린아이들을 사람 숫자에 넣지도 않았던 그 때부터
예수님은 어린이 존중 사상을 선포하고 가르쳤습니다(마 18:4-5).
물론 우리나라에도 어린이날이 있고 어린이헌장이 있습니다.
그러나 기독교교육대회에서 일곱 가지의 지침을 선포하였습니다.

1. 어린이는 하나님께 헌신하여야 한다.

2. 부모는 어린이의 헌신을 도와야 한다.

3. 어린이는 개개인의 소중함이 인정되어야 한다.

4. 어린이는 누구나 사랑을 받아야 한다.

5. 어린이는 교회 공동체에 의해 축복받는 존재여야 한다.

6. 어린이는 어른과 함께 예배하고 기쁨을 나눌 수 있어야 한다.

7. 어린이 헌장은 선포되는 데 그치지 않고 실현되어야 한다.

주님의 가르침처럼 우리 모두 어린아이와 같은 믿음을 가져야 합니다.
교회는 어린 아이와 같은 믿음을 가진 사람들의 모임입니다.
그러므로 꽃주일을 맞는 우리들도 우리의 믿음을 살펴보아야 합니다.
우리교회도 어린이와 같은 믿음을 가진 사람들로 가득 찬
믿음의 꽃동산이 될 수 있도록 하여야 합니다.

2013. 5. 5. 어린이주일

어버이주일에
되새겨보는 효행시(孝行詩)

가장 많이 읽혔던 효행시조는 송강 정철(1536-93)의 시일 것입니다.

> 아버님 날 낳으시고 어머님 날 기르시니
>
> 두 분 곧 아니시면 이 몸이 살았을까?
>
> 하늘 같이 가없는 은혜 어디 대어 갚사오리.

> 어버이 살아실 제 섬기기를 다하여라
>
> 지나간 후면 애 닳다 어이하리
>
> 평생에 고쳐 못 할 일은 이뿐인가 하노라.

주세붕이 쓴 '아버님 날 낳으시고'도 있지만
그가 쓴 형제화목 시조가 더 유명합니다.

> 형님 잡수신 젖을 내조차 먹이우니
>
> 아아 우리 아우 어머님 너 사랑이야
>
> 형제이고 불화하면 개돼지라 하리라.

박인로(1561∼1642)의 '반중조홍가'도 우리의 심금을 울립니다.

　　반중 조홍감이 고와도 보이나다

　　유자가 아니라도 품음직 하다마는

　　품어 가 반길 이 없으니 글로 설워하노라

중국 한나라(前漢)의 한시외전(韓詩外傳)에도 애절한 시가 전해지
고 있습니다.

　　樹欲靜而風不止　　나무는 고요하고자 하나 바람이 그치지 않고,

　　子欲養而親不待　　자식은 봉양하고자 하나 부모님은 기다려주지 않네.

　　往而不可追者年也　흘러가면 쫓을 수 없는 것은 세월이요,

　　去而不見者親也　　가시면 다시 볼 수 없는 것도 어버이니라.

그러나 윤춘병 목사님이 쓰신 쉬운 노래 가사에 박재훈 목사님이 곡
을 붙인 이 노래는 초등학교 교과서에도 실렸습니다.

　　1. 높고 높은 하늘이라 말들 하지만 나는 나는 높은 게 또 하나 있지

　　　낳으시고 키우시는 어버이 은혜 푸른 하늘 그보다도 높은 것 같애.

　　2. 넓고 넓은 바다라고 말들 하지만 나는 나는 넓은게 또 하나 있지

　　　사람되라 이르시는 어버이 은혜 푸른 바다 그 보다도 넓은 것 같애.

　　3. 산이라도 바다라도 따를 수 없는 어버이의 큰 사랑 거룩한 사랑

　　　날마다 주님 앞에 감사드리자 사랑의 어버이를 주신 은혜를

2013. 5. 12. 어버이주일

부모 향기 교실

총회는 "신앙의 대 잇기 운동"에 전력을 다하고 있습니다.
다음 세대를 잉태하는 교회!
다음 세대를 출산하는 교회!
다음 세대를 양육하는 교회!

이 일은 교단 총회나 우리 교회만의 일은 아닙니다.
모든 그리스도인들의 문제이자 우리 가정의 문제입니다.

많은 분들이 자녀 교육에 대한 저의 경험을 묻습니다.
그때마다 자신 있게, 그리고 당당하게 대답합니다.
"DY 학습법을 아시는지요?"
제 아들딸은 청소년 때에 이미 이 훈련을 받았습니다.

해마다 '가정의 달'인 5월에 갖는 "부모향기교실"은
다른 교회에서는 보기 힘든 남대문교회만의 특별한 프로그램입니다.
이름도 얼마나 좋습니까? "부모향기교실"
이 세상에서 부모님의 냄새보다 더 좋은 향기가 있을까요?

다음 세대를 이끌어 갈 청년들과 그 주역이 될 청소년들!
이들을 양육하는 부모님들과 이를 위해 기도하는 성도님들!
모두가 한 자리에 모여 함께 은혜 받고 기도하는 자리입니다.
빠짐없이 참여함으로 후회하는 분들이 한 분도 없기를 바랍니다.

그리고 이 자리가
우리 교회와 가정의 혁신적인 변화의 기회가 되기를 소원합니다.

본래적인 기독교 교육으로 회복되어야 한다는 목표 아래
영원한 하나님의 보석(다이아몬드)과 같은 존재가 되기 위해서는
젊은이들도 성도들도 다 알아야 하는 것이 5차원 전면교육입니다.
우리교회가 '셀프리더십 훈련'을 채택한 이유도 이 때문입니다.

2013. 5. 26

순교적 희생정신

일제 치하나 처절한 전쟁으로 인하여 고통을 당하던 그 시대보다도
오히려 오늘날이 더 큰 희생정신을 요구되는 시대가 되었습니다.
철저한 순교정신으로 무장하지 않으면 안 되는 시대라는 이야기입니다.

만약 이 시대에도 과거와 같이 총칼이나 핍박으로 위협을 한다면
오늘의 그리스도인들도 누구나 다 순교자가 될 수도 있을 것입니다.
그래서 이것을 아는 사탄이 더욱 교묘한 방법을 이용한답니다.

무력이나 강압적 방법이 아니라 조용히 찾아와서 속삭입니다.
시간을 이야기하거나 물질적인 것을 자극하며,
욕심에 이끌리게 만듭니다.
보암직도 하고, 먹음직도 하고, 탐스러운 것들로 유혹합니다.

분명한 믿음의 전신갑주로 무장하여야할 이유가 바로 이 때문입니다.
갈수록 희생적인 결단이 없이는 신앙을 지키기가 어렵습니다.
이미 예수님께서도 종말의 때가 되면 그러하리라고 말씀하셨습니다.

일찍부터 기독교는 순교의 역사로 이어져왔습니다.
순교자의 피가 교회의 씨앗이며(터툴리안),
교회는 고난을 통하여 성장한다(라투렛트)고 했습니다.

사도들이 어려움을 겪었고,
초기 성도들 중에도 많은 순교자가 있었습니다.
일제의 신사참배나 비극적인 6.25 전쟁 때만 그랬던 것이 아니고
2천년 기독교와 128년 한국교회도 순교의 역사로 이어져왔습니다.
문제는 더욱 교활한 방법으로 접근하는 적그리스도들 때문입니다.
이단이나 사이비의 유혹과 반기독교적인 집단의 도전이 그렇습니다.
얄팍한 과학이나 세속주의, 타락과 향락주의도 한 몫을 하고 있습니다.

교회가 구태여 순교자기념주일을 제정하여 지켜야 하는 이유도
'설마'라는 생각이나
'아직은 아닐 것'이라는 신앙적인 안일함 때문입니다.
어느 때보다 순교적인 희생정신이 요구되는 이 시대임이 분명합니다.

2013. 6. 9. 순교자 기념주일

무릎으로 가는 길

chapter.03

코람데오

coram Deo

은연중에 세워진 교회

과거를 들먹이는 것은 미래를 위한 것입니다.
더구나 역사를 이야기하는 것은 그 뿌리와 근원을 알게 됨으로
자신의 위치와 긍지를 갖는 것만큼이나
주어진 사명을 깨닫기 위함입니다.

1885년 6월 21일은 한국에서 최초로 주일예배를 드린 날입니다.
알렌의 일기나 편지가 우리말로 번역되면서 공식화되었습니다.
문제는 예배를 드렸다고 교회 설립으로 볼 수 있느냐 하는 것입니다.

종교개혁자들은 교회의 표지로 세 가지를 제시하였습니다.
하나님의 말씀선포와 성례식의 거행, 권징의 실시가 바로 그것 입니다.
선교사들과 제중원의 의생들과 환자들이 예배에 참여하기 시작하면서
성찬식과 세례식이 거행되었고 교회의 틀을 갖추어 나갔기 때문에
아마 역사가들은 '은연중에 생긴 교회'로 표기하였을 것입니다.

대부분의 초대교회가 성도들의 가정에서 시작된 것처럼
제중원신앙공동체도 첫 예배는 선교사 알렌의 집에서 드려졌습니다.

그러나 제중원은 병원이었고,
선교사들이나 의생들에게는 직장이었습니다.
그래서 저는 '한국직장인선교대회' 안내 인터뷰에서
한국최초의 교회는 직장에서 시작되었다고 응답하였습니다(CTS).

교회도 없었지만 제중원 안에서 모인 예배공동체인지라
교회 이름을 따로 정하지 않았으나
제중원 신앙공동체는 분명한 교회의 역할을 감당하였습니다.
한국최초의 조직교회요 장로교회인 새문안교회가
정동교회란 이름으로,
최초의 감리교회인 정동제일교회가 역시 교회의 이름을 사용하자
남대문교회도 비로소 제중원교회, 구리개교회 등의 교회이름을 사용
하였습니다.

장로교회나 감리교회가 세워지기까지
언더우드와 아펜젤러가 주일을 지킨 남대문교회가
장로교회로 정식 가입한 것은 에비슨 장로 이후이지만
장감연합으로 시작된 한국교회의 못자리라는 사실 하나만으로도
우리들의 사명이 얼마나 큰 것인가를 다시 한 번 깨닫게 됩니다.

2013. 6. 15. 한국교회 공식주일예배 기념주일

더 큰 감사로
하나님께 영광을!

맥추감사주일입니다.

성경은 언제나 감사하는 자가 되라고 교훈합니다.

바울은 감사를 주 안에서 우리를 향하신 하나님의 뜻이라고 교훈합니다.

"항상 기뻐하라! 쉬지 말고 기도하라! 범사에 감사하라!"

(살전 5:16-18).

원망하지 마십시오!

야고보는 그 날이 가까울수록 더욱 그렇게 하여야 한다고 강조합니다.

심판주가 문 밖에 서 계심으로 더욱 그리하라고 말씀합니다(약 5:9).

맥추감사절은 본래 첫 수확에 대한 감사절입니다.

그래서 한자어로 보리농사를 뜻하는 보리맥(麥)자를 썼습니다.

맥추절은 일 년 중 지난 6개월에 대한 감사를 의미합니다.

지나 간 6개월도 중요하지만 앞으로의 6개월이 더 중요합니다.

성경은 어떤 이유가 있어서 드리는 조건적인 감사(because of)보다는 믿음으로 드리는 무조건적인 감사(in spite of)를 더 강조합니다.

경제적인 여건이 더 좋아지지 않을지라도,
어려운 환경으로 말미암아 더 힘든 일들이 있을 지라도 소출이 없고,
열매가 없고,
기쁜 일이 없을 지라도…

참으로 신비한 것은 이와 같은 하박국의 감사를 드리는 자에게는
언제나 더 큰 감사의 조건을 허락하신다는 것입니다.
그래서 저는 이것을 '은혜 위에 은혜'처럼
'감사 위에 감사'라고 부른답니다.

지난 6개월을 생각하면 정말 감사한 일밖에 없습니다.
언제나 우리와 함께 하시는 하나님의 사랑을 생각하면
범사에 감사하지 않을 수 없습니다.
2013년 후반기에도 그리스도 예수 안에서
우리를 향하신 하나님의 뜻을 이루어가는 우리들이 되어야 하겠습니다.

2013. 7. 7; 맥추감사절

열린 마음,
큰마음을 가집시다

모든 것은 마음으로부터 시작된다는 말을 많이 들어 왔습니다.
히브리서 기자도 믿음을 이야기하면서(히 11:3)
"보이는 것은 나타난 것으로 말미암아 된 것이 아님"을 강조합니다.

현대의학에서도 대부분의 질병이 마음으로부터 비롯된다고 합니다.
"마음의 즐거움은 양약이라도 심령의 근심은 뼈를 마르게 하느니라"
(잠 17:22).
한때 이 말씀을 비웃는 사람들도 많았는데 말입니다.

밥 두 그릇을 두고 한쪽에 사랑의 말을, 다른 한쪽에는 저주를 했더니
며칠 후 한쪽 밥그릇에는 하얀 곰팡이가 생겼으나 향기가 나고
다른 쪽에는 검은 곰팡이에 악취가 났다는 방송을 본 적이 있습니다.
일본에서도 물방울로 이 실험을 했답니다.
"사랑해"라는 말을 들은 물방울의 입자는 정말 아름다운 모양이었으나
욕을 얻어먹은 물방울은 그 입자가 일그러져 있었다는 이야기입니다.

어느 시인은 사람의 마음을 '자신과의 속삭임'이라고 표현하였습니다.
그래서 긍정적인 생각이 중요하고, 적극적인 마음을 가져야 합니다.
비록 몸은 지치기 쉬운 계절이지만 마음만은 그러지 않아야 합니다.

흔히 신앙인들에 대하여 크게 오해하는 이들도 있는 것 같습니다.
더구나 편협하거나 속이 좁은 사람이라고 하는 이들도 있다고 합니다.
그럴 수도 없지만 실제로 그렇지 않다는 것은 역사가 증명합니다.
나보다 이웃을, 내 가족보다 민족을 위해 기도해 온 성도들입니다.
우리교회만 해도 교회와 나라의 일을 구별하지 않았습니다.
세상이 교회를 폄훼할지라도
성도들은 시종여일한 마음을 가져야 합니다.

오히려 하나님의 말씀에 귀를 기울이고 순종하는 성도들이 된다면
당연히 세상에도,
사람들에게도 마음을 여는 포용력을 가지게 됩니다.
큰마음, 열린 마음은 진실한 그리스도인들의 본마음입니다.

2013. 8. 4

선배들의 신앙심과
애국정신

광복절에 대해서는 할 말이 많이 있습니다.
먼저 애국선열들을 믿음의 선배로 둔 오늘날의 그리스도인들에게!
이 시대의 정치, 경제, 사회, 문화적 혜택을 누리고 있는 세대들에게!
무엇보다 교회가 무엇을 하였느냐고 비난하는 사람들에게까지도…

할 수만 있으면
시청 앞 광장에서 광복절기념예배를 드리고 싶었습니다.
거국적인 준비위원회가 적극 권하기도 했지만
우리 당회도 대환영이었습니다.
그러나 이에 호응하고 참가해야 할 분들의 반응은 싸늘했습니다.
결국 포기했습니다.

하나님께서 우리에게 주신 가장 큰 명절 중 하나가 광복절입니다. 대
부분 교회가 광복절 기념주일은 꼭 지키고 있지만
성경 민족인 이스라엘도
해방절인 7월을 정월로 바꿔가며 유월절을 지켰습니다.

성경적으로나 역사적으로나 신앙 양심적으로나
머뭇거릴 이유가 없습니다.

오늘날의 교회는 비기독교인과 함께 하는 행사라고 경계를 하고,
반기독교운동가들은 기독교를 *독교, 성경을 *경이라 부릅니다.
조국독립을 위하여 나섰던 애국선열들 중 대부분은
그리스도인들이었습니다.
그들은 지하에서, 골방에서, 산골짜기에서 기도하였고
해방을 주신다면 삼천리강산을 복음국가로 만들겠노라 다짐했습니다.

몇 년 전까지 방학이어도 학교마다 광복절 기념식은 가졌습니다.
교회도 이때가 되면 나라와 민족을 위한 기도회로 정말 뜨거웠습니다.
기념식세대가 아닌 공휴일세대라 그렇다며 위로해 주신 교역자들!
뜻밖의 비기독교인의 반응을 보고
우리의 행사참여 포기를 이해해 주신 행사준비위원들!
그리고 여러분들에게 죄송한 마음과 함께 깊은 감사를 드립니다.
그러나 여전히 우리는 자신의 부족함이 없었는지 돌아보아야 합니다.
하나님의 은혜를 기억하고 선배들의 큰마음을 이어나가야만 합니다.

2013. 8. 11. 광복절 기념주일

언행일치(言行一致)

언행일치란 말과 행동이 하나가 되어야 한다는 말입니다.
거짓 맹세를 하지 말라(시 24:4)는 말씀도
같은 맥락에서 이해되어야 합니다.
거짓이란 말과 행위가 다른 것을 두고 하는 말이기 때문입니다.

성도로서 거룩한 삶을 살아야 한다는 말은 구별된 삶을 의미합니다.
많이 알고(知) 감성이 풍부하여(情)
이해심 깊고 깨닫는 것도 중요하지만
전인적인 인격은 알고 깨닫는 대로 행함(意)을 두고 하는 말입니다.

마음으로는 누구든지, 그리고 무슨 일이든지 다 할 수 있습니다.
생각으로는 애국자가 아닌 사람이 없고, 누구든지 다 효자입니다.
문제는 몰라서가 아니라 삶이 따르지 못하기 때문입니다.

개인적인 건강의 문제만 하더라도 규칙적인 식사와 절제된 삶!
적당한 운동과 바른 생활 습관을 가져야 한다는 것입니다.
흡연자들도 생각은 있지만 절연(絕煙)만큼 힘든 것이 없다고 합니다.

운동을 직업이라 생각하고 규칙적으로 운동하라는 권유를 받고도
그 만한 시간과 실천할 만한 여유를 갖지 못하는 것도 마찬가지입니다.

개인적인 문제보다 더 심각한 것이 대인관계입니다.
사람과 사람과의 관계는 약속이나 언약이 전제되어 있기 때문입니다.
직접적인 언약도 있지만
실제로는 무언의 약속들이 더 많이 있습니다.
풍부한 지식을 가진 사람이라도
삶이 따르지 못하면 아무런 유익이 없습니다.
언행일치 여부가 인격 평가의 기준이 되는 이유가 바로 이 때문입니다.

영적인 문제는 더더욱 중요합니다.
기독교는 언약의 종교이기 때문입니다.
우리는 하나님의 약속을 믿는 사람들이며,
성경은 하나님의 언약입니다.
성경의 중심이신 예수님을 우리는 주(主)로 고백한 사람들입니다.
이 언약 안에서 우리들이 듣고, 보고, 배우며, 깨닫는 것도 중요하지만
더 중요한 것은 알고 깨달은 만큼 행하며 실천하는 일입니다(약 2:14).

총회주일을 앞두고

장로교회는 노회(Presbytery) 중심의 교회입니다.
장로교에서는 개개 지역 교회를 지교회(枝敎會)라 부릅니다.
PCK(Presbyterian Church of Korea)교단은 65개 노회가 있습니다.
개 교회는 물론 노회나 총회도 모두 주님의 몸된 교회입니다.

1884년 서상륜에 의하여 황해도에 솔내(松川)교회가 세워졌고
1885년 제중원에서 공식주일예배를 드림으로 우리교회가 시작되었으나
조직된 장로교회로 시작된 최초의 교회는 새문안교회입니다(1887년).
그로부터 20년 후인 1907년에 최초의 독(獨)노회가 조직되었고,
1912년 '조선예수교장로회총회'를 창립,
새로운 역사가 시작되었 습니다.

우리 총회는
하나님의 말씀인 성경과 대한예수교장로회 헌법에 입각하여
복음을 수호하고 주님의 명령에 따라 복음을 전파하는 사명을 가지고,
개혁교회와 에큐메니칼 전통에 서서 교리, 사도신경과 12신조,
소요리 문답 및 신앙고백을 표준적인 교리로 삼습니다.

총회가 하는 일은 대개 다음과 같습니다.

첫째, 교단의 신앙과 신학의 방향을 정립하고, 신학과 교회교육 정책을 수립, 헌법, 규칙, 각종 예식 제정, 국내외 선교를 위한 장단기 정책을 세웁니다.

둘째, 각 노회와 지교회가 예배, 선교, 교육, 봉사의 사명을 다 할 수 있도록 교단적 차원에서 정책을 기획하고 수행하는 업무를 감당합니다.

셋째, 사회나 국가적으로 여러 가지 문제에 대한 기독교적 대안을 모색하며 사안별로 연합기관, 교단, 관련단체가 협력하여 실천적인 사업을 진행합니다.

넷째, 교회연합 사업, 특히 국내외 연합기관과 타 교단과 협력합니다.

다섯째, 산하 모든 교회가 부흥할 수 있는 정책을 세우고 지원합니다.

이러한 사업을 진행하고 운영하기 위하여 총회 주일을 지킵니다.

모든 성도들이 총회를 위하여 기도하고 헌금도 드립니다.

헌금은 자유롭지만 교인 3천원, 직분자 1만원 이상이 기준입니다.

8,400교회, 2백 8십만 성도가 하나되는

'총회주일'이 되도록 기도하여야 하겠습니다.

2013. 8. 28

이미지 관리의 시대

"목사님! 목사님들도 이제는 이미지 관리를 하셔야 합니다."
처음에는 이 말이 무엇을 뜻하는지 알아듣지 못했습니다.
지금까지 교회가 사회를 위해 봉사하고 섬기는 일에 전력해왔으나
사회가 이것을 알아주지 않음은 이미지 관리 부족때문이라고 합니다.

아무리 값이 나가는 진품이고, 아무리 질이 좋은 상품이라고 해도
그 이미지가 좋지 못하면 아무런 가치를 인정받지 못하기 때문에
광고나 선전이 필요하고 온갖 방법으로 포장을 한다고 합니다.

설교도 때로는 자기 PR이나 꼭 있어야 할 예화도 필요하지만
사람에게는 선입견이나 자기중심의 생각들이 있기 때문에
목사도 하나님의 영광과 교회를 위한 이미지 관리가 필요한 것입니다.
소탈하고 옆집 아저씨 같은 목사라고 해도,
풍기는 이미지가 위압적이라든지 아무리 솔직하고 진실해도,
분위기가 도도하고 가식적으로 보인다면
눈물로 기도하고 밤새워 준비한 메시지도 힘을 잃게 된다는 것입니다.

화장을 하고 외모를 가꾸는 이유도 바로 그 때문입니다.
그래서 이 시대를 광고의 시대, 디자인 시대라고 하는 것입니다.
저는 선교지에서 한 주간 내내 자신을 돌아보며 교회를 생각했습니다.

한국의 어머니교회, 못자리교회, 최고의 역사를 자랑하는 교회!
선교하는 교회, 꿈이 있는 교회, 생명이 약동하는 교회!
내적인 성장과 실속이 중요합니다.
그러나 외적인 이미지도 필요합니다.

우리 모두는 지금 변화를 절감하며 성장을 꿈꾸고 있습니다.
그러면서도 행복과 기쁨이 넘치는 평안한 교회가 되기를 원합니다.
치우치지 않는 내적인 치유도 반드시 필요합니다만
이웃을 섬기고 사회를 위해 봉사하는 교회의 이미지 회복도 필요합니다.

98회 총회를 바라보며 101번째 맞는 총회주일인 오늘!
한국교회의 이미지와 함께
우리들의 모습들도 되돌아보았으면 좋겠습니다.

2013. 9. 1. 총회주일

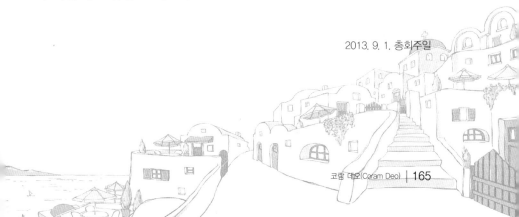

자발적인 참여

남대문교회에 부임하기 전에 있었던 일입니다.

경노잔치를 열었는데 예상보다 더 많은 사람들이 모였습니다.

300명 정도 오실 것으로 생각했는데 500명 이상이 모였습니다.

음식을 준비하는 주방만 그런 것이 아니라

화장실도 마찬가지였습니다.

바로 그 때 한 분의 집사님이 당회장실로 달려왔습니다.

"목사님! 이게 뭡니까? 2층 화장실 문도 열어야 할 것 아닙니까?"

깜짝 놀라서 저는 더 큰 소리로 이야기했습니다.

"집사님! 그것은 집사님이 할 일이시네요. 집사님이 열어 드리세요."

우리교회에서도 유사한 일이 있었습니다.

본당에서 음악회를 한 후 1층 로비에서 다과회가 열렸습니다.

감격스럽게도 많은 손님들이 오셔서 잔칫집 같은 분위기였습니다.

바로 그때 사무실에서 이야기하고 있는 저에게 누군가 소리칩니다.

"목사님! 이렇게 복잡하면 중예배실 문이라도 열어야 되지요."

부임 후 며칠 되지도 않았지만 그래도 큰 소리로 이야기했습니다.

"집사님! 집사님이 문을 여시면 되지요. 직접 문을 열어드리세요."

"아, 그러면 되겠네!" 집사님은 그 후 손님들을 직접 안내하셨습니다.

저는 가끔 마음에 와 닿는 항의를 받을 때가 있습니다.
"사랑이 그리워서 찾아오는 교회"라는 구호를 내걸었는데
"목사! 정말 사랑이 충만한 교회를 만들고 있다고 보십니까?"
사실입니다. 목사부터, 직분자부터 모범을 보여야합니다.
주일 낮 두 세 시간이 중요한 우리교회라 바쁘다고 핑계하지만
교회다운 교회는
말씀이나 사명도 중요하지만 사랑이 충만해야 합니다.
그래서 부탁을 드립니다.
우리가 주인이기에 모든 일은 우리의 일입니다.

큰 교회에는 할 일이 없어서 작은 교회에 간다는 분도 계십니다.
분명한 것은 작은 교회보다는 큰 교회가 훨씬 더 일이 많습니다.
늘 청소를 하시는 분도 계시고,
매일 나와서 봉사하는 분도 계십니다.
교회의 일도, 사회적인 봉사도
자발적으로 참여할 때에 아름다운 것입니다.

2013. 9. 8

구하고 찾되
두드려야 합니다

길도 중요하지만 문이 중요합니다.

예수님은 친히 자신을 문(門)이 되신다고 말씀하셨습니다.

"내가 진실로 진실로 너희에게 말하노니 나는 양의 문이라"(요 10:7).

"내가 문이니 누구든지 나로 말미암아 들어가면 구원을 얻고,

또는 들어가며 나오며 꼴을 얻으리라"(요 10:9).

기도에 대하여 교훈하실 때에도 "문을 두드리라"고 말씀하셨습니다.

"구하라 그리하면 너희에게 주실 것이요,

찾으라 그리하면 찾아낼 것이요. 문을 두드리라.

그리하면 너희에게 열릴 것이니"(마 8:7).

최초의 대문은 하나님께서 직접 만드셨습니다.

에덴 동쪽에 그룹들과 두루 도는 불칼로 만드셨습니다(창 3:24).

이 문을 여신 분도 우리 주님이십니다.

문이 되어 오신 우리 주님이 십자가 위에서 자신의 몸을 부수셨습니다.

그리고 우리들의 마음 문도 활짝 열어야 함을 권면하십니다(계 3:20).

"내가 문밖에 서서 두드리노니, 누구든지 내 음성을 듣고 문을 열면
내가 그에게로 들어가 그로 더불어 먹고 그는 나로 더불어 먹으리라."

2013년 후반기에도 우리교회는 전도운동에 전력하기를 원합니다.
나아가 전하는 만큼 우리의 기도가 중요합니다.
먼저 우리는 '전도할 문'을 열어달라고 기도해야 합니다(골 4:2-3).
권함을 받아도 마음의 문이 굳게 닫혀 있다면 소용이 없기 때문입니다.
그래서 우리가 두 번째로 기도합니다.
'믿음의 문'(행 14:27)을 열어주소서!

문을 열어달라는 이러한 기도는 놀라운 역사가 일어날 수밖에 없습니다.
그가 닫으시면 열 자가 없고 여시면 닫을 자가 없습니다(계 3:7).
그러므로 사방으로 우겨 쌈을 당해도 싸이지 아니합니다(고후 4:8).
하나님께서 우리에게 기도할 문을 열어 놓으셨다는 것이 큰 복입니다.
기도하면 '아골 골짜기'에도 '소망의 문'이 열리기 때문입니다(호 2:15).

2013. 9. 29

찬양이 갖는 선교적 의미

장로교의 표어는 '오직 영광 하나님께(唯主榮光)'입니다.

하나님은 영광을 받으시기에 합당하신 분이십니다.

예배는 찬양과 기도와 말씀이라는 요소로 구성되어 있습니다.

그러나 찬양은 그것만으로도 영광을 돌리는 수단이 됩니다.

성경은 이스라엘의 존재 목적을 분명하게 선언합니다.

하나님을 찬양하기 위함이라는 것입니다(사 43:21). 시 117편도 성

경 중 가장 짧으나 가장 강력한 선교 메시지를 담고 있습니다.

"너희 모든 나라들아 여호와를 찬양하며

너희 모든 백성들아 그를 찬송할지어다."

언젠가 전도(선교)의 네 가지 단계를 말씀드린 적이 있습니다.

삶을 통한 전도를 1-P(presence)로,

외치며 선포함을 2-P(proclamation),

그리고 설득을 통해 교회로 불러오는 것을 3-P(persuasion),

그들을 양육, 온전한 제자로 삼은 것을 4-P(production)라 합니다.

찬양은 이 모든 과정과 목적을 다 품고 있습니다.
찬양은 하나님께 영광을 돌리는 삶 자체이므로 현존(1-P)이며,
찬양은 하나님의 영광을 선포하는 일이므로 외침(2-P)이 되고,
찬양은 많은 사람들을 초청하여 함께
하나님을 찬송토록 설득(3-P)하며
궁극적으로는 찬양하는 백성으로 살게 하므로
제자가 되게(4-P)합니다.

사람들은 일거양득(一擧兩得)을 좋아합니다.
선교 전략에서 말씀드린 '효율성의 원리'와 일치하는 생각입니다.
11월에는 총동원 전도주일도 있는데
'메시야' 전곡을 연주하는 이번 기회가
찬양이 갖는 선교의 의미를 깨닫게 하는 좋은 기회가 될 것입니다.
우리들이 받아든 시온찬양대의 초대장이 얼마나 중요한 전도지인가
모든 성도들이 깨달았으면 좋겠습니다.

2013. 10. 9

필리핀의 태풍과 지구 재난

"네가 이 큰 건물을 보느냐?
돌 위에 돌 하나도 남지 않고 다 무너뜨려지리라."
이 말씀을 듣고
베드로, 야고보, 요한, 안드레가 예수님께 조용히 질문합니다.
"어느 때에 이런 일이 있겠사오며, 무슨 징조가 있사오리이까?"
(막 13:4).

주님은 "스스로 주(主)라고 하는 자들이 나타나 사람들을 미혹하며,
난리와 난리의 소문이 이어지고
민족과 민족, 나라와 나라가 서로 대적하되
곳곳에 지진과 기근이 있으리니
이는 재난의 시작이라"이라고 대답 하셨습니다.

실제로 지구촌 소식들은 이러한 재난이 시작되었음을 말합니다.
우리나라만 해도 자칭 재림예수가 얼마나 많은지 모릅니다.
연일 이단과 사이비들과의 전쟁을 치러야 하는 것이 현실입니다.
난리의 소문과 함께 전쟁과 난민 소식은 그칠 줄 모릅니다.

지진과 화산 폭발, 기근과 굶주림, 폭우와 태풍에 대형 사고들까지…
옛날에도 사고는 있었습니다. 지진도 태풍도 폭우도 있었습니다.
그러나 그 규모와 피해 정도가 오늘날과 같지는 않았습니다.
일본에 밀어닥친 쓰나미의 후유증은
원전사고와 방사능 유출로 이어졌으며
중국에서의 폭우는 댐 붕괴로 이어지기도 했습니다.
이번 필리핀 타클로반의 '하이옌'은 사상 최악의 태풍이었습니다.

중요한 것은 이러한 재난을 바라보는 우리들의 마음가짐입니다.
"너희는 스스로 조심하라.
사람들이 너희를 공회에 넘겨주겠고… 매질하겠으며…
너희가 권력자들과 임금들 앞에 서리니
이는 그들에게 증거가 되려 함이라."
주님은 이 일보다 먼저
만국에 복음이 전파되어야 함을 말씀하십니다(막 13:10).

2013. 10. 24

베들레헴으로 가는 길

올해도 영락없이 연말이 다가왔습니다.
한 해를 보내는 아쉬움보다
성도들에게는 성탄의 기쁨이 있어 좋은 달입니다.
소망과 사랑과 평강과 기쁨의 촛불을 밝혀가며 대림절을 맞았기에
마무리의 서운함보다 새해에 대한 기대가 더 큰 우리들입니다.

기다리는 사람들!
성도들은 틀림없이 기다리는 사람들입니다.
여호와의 날, 구원의 날,
우리 주님 다시 오실 날을 기다리는 사람들입니다.
십자가를 지고,
십자가를 바라보며,
십자가의 길을 가는 사람들입니다.

베들레헴 태어나신 우리 주님도 그 언덕을 바라보시며
이 땅에 오셨습니다. 그리고 기다리셨습니다.
그 날이 오기를 30년을 기다리셨고,
또 다시 제자들과 3년을 기다리셨습니다.

그리고 십자가를 지고, 십자가를 바라보며 십자가의 길을 가셨습니다.

그리고 승리하셨습니다.
"다 이루었다"하시고, 마지막으로 부활하시고 승천하셨습니다.
이제 그 분이 다시 오십니다.
그래서 우리는 등불을 밝혀들고 기다립니다.
다시는 마구간에 모시는 일이 없어야 하기 때문입니다.

우리는 지금 베들레헴으로 가려고 합니다.
새 일을 위해서, 새해를 맞이하려고,
새로운 삶을 살기 위하여 주님과 함께, 그 분과 동행하며,
함께 십자가를 져야 한다는 믿음 때문에
우리는 지금 그곳에서 시작하려고 베들레헴으로 나아가려 합니다.

2013년 대림절 묵상집의 주제는 "언약을 이루러 오신 예수님"입니다.
올해의 말씀 묵상은
베들레헴에서 탄생하신 예수님으로부터 시작됩니다.
교회(새벽기도)나 가정(가정예배), 개인(개인적인 Q.T.)할 것 없이
어렵고 힘들어도
주님과 함께 시작하는 일이요, 함께 져야할 십자가라면
누구든지 능히 감당할 수 있으리라 굳게 믿기에 권하고 권합니다.

2013. 12. 1. 대림절 첫째 주

대림절에 대하여

교회력은 대림절기로부터 시작됩니다.
'대림절'(Advent)은 교회 달력으로 신년으로 보며
예로부터 대림절 첫 주일을 교회의 정월 초하루로 생각해 왔습니다.

본래 대림절 첫 주일의 계산은 11월 30일(성 안드레의 날)이나
이 날에 가까운 주일로 시작하게 되며,
성탄절까지 네 주일이 됩니다.
대림절 첫 주일날을 시작하여 성탄절 전날 밤까지가 대림절기입니다.

우리말로 대강절, 혹은 강림절이라고도 부르는 대림절이지만
본래 '도래' 혹은 '오심'을 뜻하는 라틴어(Advents)에서 유래됩니다.
그러므로 대림절의 주제는
'메시야의 도래에 대한 기다림'인 것입니다.

이 절기의 배경은 예수 그리스도의 초림입니다.
하나님이신 예수님이
아들(사람)의 몸으로 이 땅에 오신 성육신사건입니다.

2천 년 전 유대 땅 베들레헴의 마구간으로 오신 예수님이시지만
그는 십자가 위에서 우리들의 죄를 위하여 죽으셨습니다.
그리고 부활하시고 승천하셨으며,
이제 곧 영광중에 다시 오실 것입니다.

중요한 것은 오늘 이 시대가 갖는 대림절의 의미입니다.
다시 오실 주님을 대망하며
기다리는 성도들의 자세가 중요하기 때문에
교회는 매주일
소망, 평화, 사랑, 기쁨의 촛불을 밝히고 예배를 드립니다.

대림절의 절기 색깔은 청색을 쓰기도 하지만
전통적으로 보라색을 씁니다.
'왕의 존엄함'을 상징하므로 조용하고 엄숙함을 강조합니다.
참회를 통한 충성을 다짐하면서도 기쁨의 날을 소망하는 것입니다.

교회가 12월이 되면 '사랑의 달'을 선포하고
조용한 기쁨을 강조하는 것도
다가올 것을 대비하는 '기다리는 기쁨'이기 때문입니다.

2013. 12. 8. 대림절 둘째 주

성탄절과 12월 25일

성탄절은 예수 그리스도의 탄생을 기념하는 날입니다.
이날을 '바이나하텐'(독어), '노엘'(불어)로도 불렸으나
크리스마스는
영국 고어 그리스도의 미사(Christes Maesse)에서 유래합니다.

성탄절의 유래는 성경으로부터 시작된다고 보아야 합니다.
베들레헴에서 동방박사들과 목자들의 경배로부터 시작되며
"하늘에는 영광, 땅에는 평화"(눅 2:14)라는
천사들의 찬송이 기원입니다.

예수님의 탄생 일자가 12월 25일인가를 묻는 이들이 있습니다.
실제로 12월 25일은 추정된 날짜로 보는 것이 옳습니다.
그러나 이날을 성탄절로 지켜왔고 절기상으로 하자가 없습니다.

유대달력의 대속죄일인 7월에 세례요한이 잉태되고,
3월에 수태고지가 있었습니다.
수태에서 십자가의 죽으심까지

33년으로 정확하게 계산하면 3월 25일이 되고
수태로부터 9개월이라는 시간을 적용하면 12월 25일이 됩니다.

이러한 계산으로 서방교회는 336년부터 12월 25일을 성탄절로 지켰고
동방교회는 세례일과 성탄일이 같다고 하여 1월 6일로 지킵니다.
아직도 12월 25일을 삼는 이들이 적지 않습니다.

처음 성탄절을 지킬 때
12월 25일은 로마황제의 탄생축제일과 같은 날짜였습니다.
그러나 이에 맞선 성탄절 행사가 황제숭배의 관습을 무너뜨렸고
성육신하신 그리스도만이
참 하나님이심을 드러내는 계기가 되었습니다.

물론 이교도의 축제일과 같은 날이라
세속적인 행사와 결합되는 일도 있었고
성대한 성탄절 행사가 이교적인 관습이라 하여 비난도 받았습니다.
그러나 오늘날 12월 25일이 크리스마스라는 사실은
부인할 수 없습니다.
이것은 바로 복음이 세상을 이기며,
결국은 승리하게 됨을 보여주는 것으로서
성탄절의 의미가 얼마나 중요한 것인가를 확인시켜 준 것입니다.

2013. 12. 15. 대림절 셋째 주

말씀 안에서
달라져야 합니다

2014년 새해 아침입니다.
소망과 기쁨이 충만한 새해가 되시기를 기도합니다.

지난 연말,
유엔사무총장의 송년사에 인용되었던 글을 배달받았습니다. 시대적
상황이 너무 잘 묘사되었다며
친구 목사님이 문자로 보내왔습니다.
본래 1990년, 밥 무어헤드 목사님의 설교문에서 나온 글이라 합니다.

> 건물은 높아졌지만 인격은 더 작아졌고,
> 고속도로는 넓어졌지만 시야는 더 좁아졌다.
>
> 소비는 많아졌지만 기쁨은 더 줄어들고,
> 집은 커졌지만 가족은 적어졌다.
>
> 생활은 편리해졌지만 시간은 더 부족하고
> 가진 것은 몇 배가 되었지만 소중한 가치는 더 줄어들었다.

학력은 높아졌지만 상식은 더 부족하고
지식은 많아졌지만 판단력은 더 모자란다.

전문가는 늘어났지만 문제는 더 많아지고
약은 많아졌지만 건강은 더 나빠졌다.

돈을 버는 방법은 배웠지만 나누는 법은 잊어버렸고
평균 수명은 늘어났지만 시간 속에 삶의 의미를 넣는 법은 상실했다.

달에도 갔다 왔지만 길 건너 이웃은 더 만나기 힘들어졌고
우주를 향해 나아가지만 우리 안의 세계는 잃어버렸다.

공기 정화기는 갖고 있지만 영혼은 더욱 오염되었고
원자는 쪼갤 수 있지만 편견은 부수지 못한다.

자유는 더 늘었지만 열정은 더 줄어들었고
세계 평화는 많이 이야기하지만 마음의 평화는 줄어들었다.

20년 전의 설교 내용이 아니라
바로 이 시대에 우리들을 향한 절규입니다.
그래서 반기문 사무총장도 이 글을 인용하였을 것입니다.
문제의 본질을 아무리 잘 안다고 하더라도
'말씀 안에서 변화되지 아니하면'
우리들도 똑같은 '문제를 하나 더 만드는 사람들'이 되고 말 것입니다.

2014. 1. 2. 신년주일

예배회복은 가정 예배로부터

"다시 새롭게 하사 옛적 같게 하옵소서"(애가 5:21).
새해를 맞이하면서 허락하신 특별하신 기도제목이었습니다.
다시 새롭게 되는 회복은
예배로부터 시작되어야 하며
예배의 회복은 먼저 가정으로부터 시작되어야 합니다.

가정의 주인은 하나님이십니다.
최초의 가정을 만드신 분도 하나님이십니다.
낙원 추방, 가인과 아벨의 제사로 인한 형제 살인과 비극적인 사건도
노아방주나 아브라함, 이삭, 야곱의 복도 모두 가정 단위였습니다.

예수께서 행하신 최초의 기적도
가정을 이루는 가나의 혼인잔치 집이었고,
다시 살리신 과부의 아들, 야이로의 딸, 마르다와 마리아의 오빠도…
주로 기적과 은혜를 통한 축복의 배경이 모두 가정들이었습니다.
십자가도 결국은
우리들이 하나님의 자녀 되는 방법이자, 가족 개념입니다.

성경은 가정에 대한 중요한 선포를 계속합니다.
"주 예수를 믿으라.
그리하면 너와 네 집이 구원을 받으리라"(행 16:31).
"누구든지 자기 친족, 특히 자기 가족을 돌아보지 아니하면
믿음을 배반한 자요, 불신자보다 더 악한 자니라"(딤전 5:7-8).

가정예배는 그 분에게 우리 가정의 모든 삶을 의탁하는 예식입니다.
일정한 시간을 정하여 가족들이 모여앉아
하나님께 경배하는 가정 예배는
자녀들의 신앙생활을 바르게 지도하는 일에도 유익하지만
하나님의 임재를 경험하고,
그 뜻을 발견하며; 응답하게 됩니다.

바쁘다는 것은 핑계에 불과합니다.
가족들이 모일 시간이 없는 가정일수록
가정예배는 반드시 필요합니다.
가정예배는 찬송과 말씀과 기도를 통하여
가정의 모든 것을 회복시킵니다.
이 크나 큰 축복의 시간을
모든 가정들이 다 경험할 수 있기를 바랍니다.

2014. 1. 12

가정 예배의 실제

예배 시간의 선택

온 가족이 함께 모일 수 있는 시간이 좋습니다.

어른들보다 자녀들 시간에 맞추는 것이 좋습니다.

대부분 아침식사 전이나 잠자기 전 시간으로 하지만

장단점이 있습니다.

분가한 자녀들이 함께 모여 주 1회 정도로 모일 경우

토요일 저녁이나 혹은 주일 저녁 시간에 맞추는 것도 괜찮습니다.

늘 말씀드리지만 이 시간도 낼 수 없다면 더 큰 문제가 생깁니다.

바쁜 가정일수록 가정예배 반드시 드려야 합니다.

예배 장소의 선정

신앙 교육을 중심으로 한 예배인 경우는 고정된 장소가 필요하지만

다정다감한 예배 분위기를 원한다면 순회하는 것도 좋습니다.

주일엔 한 번 모일 경우는 교육적으로 어른 공경이라는 입장에서

가장이 사는 집으로 모든 자녀들이 함께 모이는 것이 바람직합니다.

예배의 담당자

어린이들이 자신의 방에서 예배드릴 경우

예배 담당을 맡기기도 하지만

엄숙한 추도예배의 경우는 가장이 직접 예배를 인도하여야 합니다.

실수를 하거나 부족한 점이 있어도 예배 자체가 복입니다.

사전에 순서담당, 장소, 시간을 알려 마음의 준비를 하게 해야 합니다.

예배의 자료

어린이를 위한 큐티 교재나 가정예배를 위한 공과도 있습니다.

신앙잡지로서 청소년부의 'Q'라는 자료도 사용할 수 있습니다.

그러나 성경을 매일 한 장씩 순서대로 읽도록 권장합니다.

새벽기도에 참석, 은혜 받은 내용을 다시 설명해도 좋습니다.

'**예배 순서**'가 중요합니다. 예배 요소는 '**찬송과 기도와 말씀**'입니다.

가정예배의 흐름에 대한 구체적인 내용은 다음 주일에 소개합니다.

어렵게 시작하여 중단하기보다

계속할 수 있도록 편하게 시작해야 합니다.

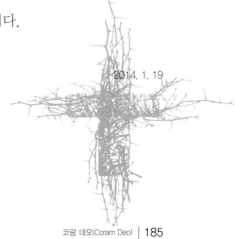

2014. 1. 19

가정 예배의 순서

날마다 드리는 가정 예배는 10-20분 정도가 알맞습니다.
그러나 주 1회 정도 모이는 가정이라는
충분한 교제시간이 필요합니다.
예배와 함께 식탁의 교제까지 곁들인다면 훨씬 효과적일 것입니다.

예배의 요소는 찬송과 기도와 말씀입니다.
꼭 이 순서대로 따를 것은 아니지만 일반적인 순서는 다음과 같습니다.
어린 자녀들과 함께 드릴 수 있도록 구성해 보았습니다.

① **묵도 혹은 사도신경** : 마음을 가다듬고 예배를 시작하는 순서입니다.
② **찬송** : 그날에 맞는 적절한 찬송을 택합니다.
　　　　어린 자녀들이 찬송을 익히도록 한 주간 같은 곡을 부를 수 있습니다.
③ **기도** : 감사와 함께 하루를 의탁하는 기도를 드립니다.
　　　　마치는 기도를 드리게 될 경우 순서를 뒤로 미루어도 상관이 없습니다.
④ **성경 읽기** : 본문을 돌아가며 읽지만 함께 읽을 수도 있습니다.
　　　　교회 주보에는 매일 한 장씩 읽도록 안내가 되어 있습니다.
⑤ **말씀 나누기** : 가장 간단한 방법은 성경을 읽는 중 감동받은 구절을

소개하기만 해도 큰 은혜가 됩니다.

⑥ 정리기도 혹은 주기도문 : 어른이 정리와 축복의 기도를 드립니다.

한 주일에 한 번 모이는 경우, 주보에 나오는 이 '주일의 말씀'이나
교회 홈페이지의 동영상 자료를 활용하여
자녀들과 말씀을 나누면
어른들은 말씀의 복습을,
자녀들은 교회 사랑의 효과를 더할 수 있습니다.

명절이나 추도예배의 경우에는 순서가 많이 달라집니다.
대개 명절을 전후하여 자세한 순서를 안내하였습니다.
특히 돌아가신 분들을 추모하되 각오와 다짐이 있는 것이 중요합니다.

가정 예배는 온 가족이 함께 하나님께 드리는 예배입니다.
큐티자료나 성경교재를 읽는 정도로 그쳐도 좋은 만큼
가정예배가 가문의 전통이 되도록 정착시키는 것이 필요합니다.

2014. 1. 26

신앙회복은
예배회복으로부터

지금까지 가정 예배의 회복에 대해서 말씀드렸습니다.

예배는 '경배한다', '엎드린다' 혹은 '따른다'는 뜻을 가지고 있으며

예배드리는 것을 "예배 본다"고 하는 말은 옳은 표현이 아닙니다.

영문 'Worship'도 계시록에 '합당하다'(worth)는 말에서 비롯됩니다.

예배는 예배자의 자세가 중요합니다.

그래서 "신령과 진정"이 강조됩니다.

그렇다고 아무데서나 예배를 드려도 괜찮다는 말은 아닙니다.

성전의 존엄성이 인정되어야 하며,

교회당은 특별히 성별된 장소입니다.

예배는 자기중심(은혜 받았다. 복 받았다)으로 평가하면 안됩니다.

어디에서 드리는 예배든 예배의 대상은 오직 하나님 한분이십니다.

예배를 받으시는 분은 하나님뿐이십니다.

그 분께만 영광을 돌려야 합니다.

예배를 드리는 자는 오히려 희생의 제물이 되어야 합니다.

예배는 드리고 싶다고 드리고,

그렇지 않으면 그만 두어서도 안 됩니다.

사람의 생각에 따라 예배를 드리거나 평가하는 것은 옳지 않습니다.

예배에 참여하는 자들은 다음과 같은 마음과 준비가 필요합니다.

    1) **기도로 준비하라.** – 설교자와 순서 맡은 자를 위하여 기도합니다.

    2) **시간을 잘 지키라.** – 개회 10분전에 참석할 수 있도록 준비합니다.

    3) **가능한 한 앞자리에 앉으라.** – 자기가 늘 앉던 자리가 좋습니다.

      앉던 자리가 좋으나 그렇다고 그 자리를 고수해서도 안 됩니다.

    4) **엄숙한 태도를 취하라.** – 자세만큼이나 옷차림도 중요합니다.

    5) **공경하는 마음을 품으라.** – 참 예배는 진정한 마음으로 드려야 합니다.

    6) **인사를 하더라도 묵례로 하라.** – 가능하면 다른 대화는 하지 맙시다.

    7) **그 날의 본문만 읽으라.** – 설교에 인용되는 말씀만 찾아 읽습니다.

    8) **예배에 방해되는 요소를 제거하라.** – 어린이는 부모가 책임집니다.

    9) **축도 전에 나가지 말라.** – 축도는 예배 중 가장 중요한 마무리입니다.

    10) **예배 후에도 그 날의 말씀을 묵상하고 되새길 시간을 가져야 합니다.**

그리스도인의 성공적인 삶은 성공적인 예배로부터 시작됩니다.

2014. 2. 2

예배의 중심은
'말씀'에 있습니다

기독교의 예배는 찬송과 기도와 말씀의 요소로 구성됩니다.
기도는 그리스도인의 '영적 호흡'임으로 끊어지는 일이 없어야 하며
찬송은 신앙인의 고백임으로 그 분의 영광을 노래해야 합니다.
그러나 예배시간에 드려지는 찬송과 기도는 더욱 중요합니다.
함께 드리는 찬송과 기도이기에
모든 이들의 마음이 하나가 되어야 합니다.
대표로 기도하는 사람은 이 점을 반드시 기억하여야 합니다.

기독교는 말씀의 종교입니다.
그래서 교회는 '설교자의 권위'를 존중해야 합니다.
설교는 기록된 말씀(성경), 계시된 말씀(예수님)과 함께
"선포된 말씀"으로 고백하기 때문입니다.

설교의 근거는 하나님의 말씀인 성경입니다.
설교의 방법은
사람의 마음을 감동시키는 권면의 형태를 띠고 있습니다.

그러나 말씀에 대한 평가 기준은 인간에게 있는 것이 아닙니다.
말씀의 주체는 하나님이심으로
하나님의 뜻을 바로 아는 것이 중요합니다.

평신도는 설교의 전담자는 아니지만
때때로 교회의 직분자로서 설교의 형태를 띤 권면을 할 수 있습니다.
구역예배나 심방, 새벽기도나 각종 집회에
평신도가 설교할 경우도 있기 때문입니다.

설교를 듣는 성도들이나 평신도로서 권면의 설교를 하는 사람들도
설교자가 겪어야 하는 일정한 과정을 바로 알면 도움이 됩니다.
첫째, 하나님의 음성을 듣기 위하여 골방으로 나아가는 과정과
둘째, 설교를 위해 청중에게 나아가는 과정이 있습니다.
그러므로 언제나 성령님과 동행하여야 합니다.
셋째, 말씀을 삶으로 번역하기 위해
세상으로 나아가는 과정이 중요합니다.

무엇보다 기독교는 영문 밖으로 나아가
'삶으로 드리는 예배'를 강조합니다.

2014. 2. 16

록펠러 어머니의 교훈

설교를 통하여 수없이 들었던 '록펠러 어머니의 교훈'이고
인터넷에서 검색하면 바로 나오는 내용입니다.
록펠러가 그랬던 것처럼 이 교훈을 책갈피에 넣어두고
두고두고 나도 그렇게 살아보리라 다짐하는 사람들이 많습니다.

록펠러도 유대인인 어머니로부터 어려서부터 이 교훈을 들었고
그대로 지키기 위하여 노력한 결과 세계적인 부호가 되었습니다.
우리 교회와 관계가 깊은 세브란스와 동시대에 살았던 인물입니다.
크리스천 기업가로 록펠러재단도 유명하지만
일생 4,600개의 교회를 지어 봉헌하였다고 합니다.
알려진 그의 어머니 교훈은 다음과 같습니다.

　1. 하나님을 친아버지 이상으로 섬겨라.
　　 친아버지보다 더 중요한 공급자는 바로 하나님이시다.

　2. 목사님을 하나님 다음으로 섬겨라.
　　 목사님과 좋은 관계 속에서 하나님의 말씀을 듣고 따르는 것이 축복이다.

3. 주일예배는 본 교회에서 드려라.
   하나님의 자녀로서 교회에 충성해야 한다.

4. 십일조는 하나님의 것이니 먼저 구별한 후 나머지를 사용하라.

5. 아무도 원수로 만들지 말라.
   다른 사람과 관계가 좋지 않으면 일마다 장애요소가 될 수 있다.

6. 아침에 목표를 세우고 기도하라.
   오늘 할 일을 하나님께 맡기며 함께해 주실 것을 믿고 기도해야 한다.

7. 잠자리에 들기 전 하루를 반성하고 기도하라.
   빨리 회개하여 죄로 인한 어려움과 고통을 피할 수 있어야 한다.

8. 아침에는 꼭 하나님의 말씀을 읽어라.

9. 남을 도울 수 있으면 힘껏 도우라.
   그리고 도와준 일에 대해 절대로 나팔을 불면 안 된다.

10. 예배 시간에 항상 앞에 앉으라.

예배와 말씀 듣는 일에 누구보다도 앞장섰던 록펠러입니다.
몇 번을 읽어도 귀한 교훈일 수밖에 없는 것은
모든 그리스도인들이 내 어머니 교훈으로 믿고 산다면
틀림없이 같은 능력을 받게 될 것입니다.

2014. 2. 23

의미 있는 절기가 되게 합시다

교회 앞마당에 서 있는 목련나무 가지를 보십시오.
아직도 쌀쌀한 날씨야 어쩔 수 없는 사실이지만
그러나 절대로 속일 수가 없는 것이 계절입니다.

흔히 우리의 인생도 이러한 계절의 변화와 같다고들 합니다.
유 · 소년기, 청년기, 장년기, 노년기.
그래서 세월을 흐르는 물이나 화살에 비유하기도 합니다.

세월에 대한 감각도 달라진다고들 합니다.
10대는 시속 10Km, 20대는 20Km/h… 70대는 70Km/h…

교회의 행사도 마찬가지입니다.
세상 달력과 마찬가지로 교회도 나름대로의 절기를 가지고 있습니다.
현현절, 사순절, 부활절, 오순절, 왕국절, 대강절에다가
고난일, 부활주일, 맥추절, 종교개혁주일, 추수감사주일, 성탄절 등
중요한 기념 주일들을 그 속에 품고 있습니다.

물론 가장 중요한 절기는 주일이지만
남녀선교회주일, 사회주일, 장애인주일, 그리고 각종 선교주일과 같이
교회가 지키고 기념하는 주일들도 많이 있습니다.

성경은 시간을 강조합니다.
태초에, 이때에, 길 가실 때에, 사흘 후에…
대부분의 사건을 시간과 함께 설명합니다.

삼일절 기념 주일인 오늘,
그리고 수요일부터 시작되는 사순절!
시간이나 절기도 그 내용이나 의미를 바로 알고 깨달을 때
절기를 지키는 진정한 가치를 가지게 됩니다.

2014. 3. 2

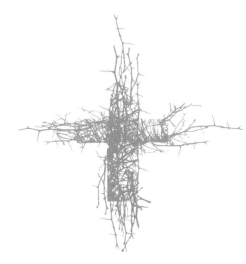

2014년, 우리들의 사순절 절기

교회의 신앙은 절기 신앙이라고 말씀드린 적이 있습니다.
지난주에는 의미 있는 절기가 되게 하자고 말씀드렸습니다.
2014년 사순절 절기의 묵상 주제는 "부활! 새로운 만남"입니다.
성회 수요일인 지난 수요일(3월 5일부터) 부활주일까지
주일을 제외한 40일을 우리는 사순절 절기로 지킵니다.

남대문교회의 금년도 사순절 주제도 한국교회와 맥을 같이합니다.
"새로운 만남을 통한 헌신과 회복(호 6:1-3)"이 주제입니다.
특별 새벽 기도의 중심 성구도 '호세아 6장 1-3절'입니다.
그리스도인들은 주님과의 만남을 통하여 거룩한 삶을 살아야 합니다.
사순절 기간 중 작은 부활절인 주일의 설교주제는 다음과 같습니다.

사순절 첫 주(3월 9일) : 거룩한 만남.

둘째 주(3월 16일) : 거룩한 믿음

셋째 주(3월 23일) : 거룩한 사랑.

넷째 주(3월 30일) : 거룩한 소망

다섯째 주(4월 1일) : 거룩한 헌신.

여섯째 주(4월 13일, 종려주일) : 거룩한 희생

일곱째 주(4월 20일, 부활주일) : 거룩한 생명

부활주일을 앞두고 1주일동안 특별새벽기도회가 있습니다.

"우리가 그의 앞에서 살리라(호 6:2)"는 표어와 함께

2부로 모입니다.

1부 모임은 새벽 5시 30분이며, 2부는 새벽 6시 30분입니다.

주님을 만났으면 주님과 함께 사는 것이 당연합니다.

미리 주제를 안내해 드리는 것은 특별히 기도로 준비하기 위함입니다.

제 1 일 : 오라! 우리가 여호와께 돌아가자.

제 2 일 : 여호와께서 우리를 싸매어 주신다.

제 3 일 : 여호와께서 우리를 살리시리라.

제 4 일(세족 목요일) : 오라! 우리가 그의 앞에서 살리라.

제 5 일(성 금요일) : 우리가 힘써 여호와를 알자!

제 6 일(성 토요일) : 여호와께서 우리에게 임하시리라.

2014. 3. 9

절제의 삶과 절기 신앙

사순절을 지키면서
주님의 고난과 삶을 묵상하는 정도에 그치지 아니하고
그의 고난에 동참한다는 분들이 많습니다.
기도나 금식은 물론
미디어금식처럼 절제로 참여하는 이들도 있습니다.

구태여 사순절이나 주님의 고난을 말하지 않더라도
절제는 필요합니다.
사회생활이나 회사경영에만
구조조정이나 다이어트가 필요한 것이 아니라
교회생활이나 가정생활에도 대단한 절제가 필요한 시대입니다.

예전에 비하면 모든 삶이 엄청나게 풍요로워진 것이 사실입니다.
그러나 여전히 살기가 어렵고, 먹는 일도 힘들다고 합니다.
시대가 변하고 사회적으로 너무 많은 것이 달라졌기 때문입니다.

힘들고 어려울수록,
부족하고 모자랄수록 절제하고 절약해야 하는데,

그리고 아끼는 것이나 저축도 풍요롭고 가졌을 때에 하는 것인데,
너무 지나치다 싶을 정도로 무절제하며 헤프다 싶을 때가 많습니다.

우리교회만 그래야 하는 것이 아니라 모든 교회들도 마찬가지입니다.
저는 교직원들과 제직 여러분들에게도 당부를 합니다.
진행 중인 행사는 알차게 진행하도록 최선을 다하십시오.
그러나 행사를 위한 행사나 프로그램 중심의 행사는 절제합시다.

반드시 해야만 하는 일은 어떤 어려움이 있어도 해야만 합니다.
그러나 형식적이거나 어쩔 수 없는 겉치레 행사는
과감하게 포기하십시오.
설령 계획된 일이라 하더라도
실속이 있는 프로그램으로 전환하십시오.
교회학교도
기존 수련회나 성경학교에서 획기적인 변화를 시도하십시오.

개인의 영적인 삶을 위해서도 신앙적인 다이어트가 필요합니다.
선배들이 지켜왔던 절기 신앙의 본질을 바로 알아야 합니다.
오늘날 우리들처럼 화려한 광고나 값비싼 행사를 치른 적은 없지만
그들은 생명으로 믿음을 지켜왔기에 오늘의 교회를 이루었습니다.

2014. 3. 23

특별새벽기도
– 같이 은혜 받읍시다

불신 가정에서 자란 저는 어릴 때에 소위 제사라는 것을 지냈습니다.
그 때는 자지 않고 버텨야 하얀 제삿밥을 먹을 수 있었습니다.
그런데 잠을 이기지 못하고 한 숨을 자고나면 그만 아침입니다.
이미 그 때는 하얀 쌀밥이 보리밥과 섞이고 난 이후입니다.

정말 좋은 기회를 놓치고 나면 그것보다 더 아까운 것이 없습니다.
아무리 후회를 해도 지나간 시간은 다시 오지 않는 법입니다.
하나님은 우리에게 특별한 은혜를 주시려고
기도라는 통로를 주셨습니다.
일 년에 한두 번 있는 '특별 새벽기도회'가 바로 그것입니다.

이번 '사순절 특별 새벽기도회'는 고난주간 동안 갖게 됩니다.
성금요일 저녁에는 특별한 음악예배가 있습니다.
우리의 부족과 허물을 위해 십자가를 지신 주를 생각하며 기도하고
부활의 아침과 함께 새롭게 시작하는 절기를 맞이하려고 합니다.

옛날에는 '교회'라는 말 대신 '제단'이라는 말을 많이 썼습니다.
그런데 요사이는 '공동체'라는 말을 많이 씁니다.
'남대문제단'에서 기도하므로 '남대문공동체'를 확인합시다.
주님도 우리는 같은 포도나무에 붙어있는 가지임을 강조하셨고,
바울도 그리스도는 교회의 머리이며 우리는 지체임을 강조합니다.

좋은 일에 동참하자는 것은 아무리 권해도 지나침이 없습니다.
감히 자주 쓰는 말이 있습니다.
"같이 놀자!"
놀아서 놀자는 말이 아닙니다.
같은 마음으로 같이 참여하자는 말입니다.
같이 노는 성도가 되고, 함께 누리는 성도들이 되어야 합니다.

나의 작은 정성과 연합된 힘을 통하여
주님은 놀라운 일을 행하십니다.
같이 놀고, 같이 기도하고, 함께 참여합시다.
하나가 되게 합시다.
그래서 이번 사순절 절기와 고난주간, 부활절 절기는
놀라운 은혜와 능력을 함께 체험하는 기회가 되었으면 좋겠습니다.

2014. 4. 6

코람 데오
(Coram Deo, 하나님 앞에서)

십자가의 복음을 간단하게 표현하면 단 두 문장으로 요약됩니다.
"죄는 제가 지었습니다.
그러나 그 형벌은 주님께서 받으셨습니다."

우리는 너무나 송구스러운 마음으로 성찬상 앞으로 나아갑니다.
우리의 허물을 위하여 찢어주신 그 살을 기념하여 떡을 취하며
우리의 죄를 위하여 흘려주신 그 피를 기념하여 잔을 마십니다.

그의 피로 구속함을 받은 그리스도인들은
그의 뒤를 따르는 사람들입니다.
기독교는 편안하게 그 십자가를 타고 가는 종교가 아닙니다.
주님께서 하신 것처럼 자기 십자가를 지고 가야하는 종교입니다.
힘들고 어려워도 십자가를 지고 가는 고난과 고통의 종교입니다.

"누구든지 나를 따라 오려거든 자기를 부인하고
자기 십자가를 지고 나를 따를 것이니라"(마 16:24).

우리는 한 주간동안 고난주간을 지키며

"우리가 그 앞에서 살리라" (호 6:2)는 주제로

특별새벽기도회에 참여하며

특별히 성금요일 저녁에는 '시온찬양대'를 통하여

특별찬양예배를 드리면서

주님의 음성을 '십자가 위에서 하신 말씀'(架上七言)으로 듣게 됩니다.

容	아버지여 저들을 용서하여 주옵소서.	눅 23:34
樂	오늘 네가 나와 함께 낙원에 있으리라	눅 23:43
子	여자여 보소서 아들이니이다.	요 19:26-27
棄	엘리 엘리 라마 사박다니!	마27:46, 막15:34
渴	내가 목마르다.	요 19:28
成	다 이루었다.	요 19:30
魂	내 영혼을 아버지 손에 부탁하나이다.	눅 23:46

2014. 4. 13

생명과 환희, 승리를 노래합니다

유대인 그리스도인들은 부활절을 "새유월절"이라고 불렀습니다.
절기상으로도 그렇지만
예수님께서 친히 유월절 양이 되셨기 때문입니다.
유월절이 애굽에서 종살이를 하던 이스라엘의 해방절이었듯이
주님의 십자가와 부활로 우리들은 영생을 얻을 수 있게 되었습니다.

부활절은 춘분 이후인 3월 22일에서 4월 25일 사이에서 있습니다.
니케아 공의회에서 결정한 내용에 의하면
"춘분이나 춘분 이후의 만월(음력 보름) 다음에 오는 첫 주일로 하되
만월이 주일과 겹치면 그 다음 주일로 한다"고 규정하고 있습니다.

올해의 부활절은 4월 20일로
4월 14일이 춘분 후 음력 첫 보름날이었습니다.
자동적으로 주님의 승천일과 오순절도 이 날로부터 계산합니다.
부활절로부터 40일 후인 5월 29일이 부활하신 주님의 승천일이며
교회의 탄생일이라고 할 수 있는 성령강림주일은 6월 8일 주일입니다.

전통적으로 매 주일을 '주의 날'이라 하여
'작은 부활절'로 지키던 교회는
일 년에 한 번 '부활 주일'을 큰 축제일로 지켜왔습니다.
기쁨과 승리의 확신과 함께 생명을 상징하는 계란을 나누었습니다.
절기 색은 흰색이지만 중요한 절기라 하여 황금색을 쓰기도 합니다.

가장 중요한 것은 부활절을 맞는 우리들이 자세입니다.
참회와 반성, 용서를 구하며 기도하던 사순절(Lent) 절기와는 달리
부활절은 생명과 환희, 회복과 승리를 노래하며
하나님께 영광을 돌립니다.
할렐루야와 영광의 찬송뿐만 아니라
시와 그림으로도 기쁨을 표현하였습니다.

교단(PCK) 총회는
모든 교인들이 함께 예배드리는 "전교인출석주일"과
부활의 복음을 증거 하는 "총동원전도주일"로 지킬 것을 권합니다.
때에 맞추어 남대문교회도 가정의 회복과 신앙의 계대를 위한
'아버지 학교'를 개설하게 된 것도 큰 의미가 있다고 봅니다.

2014. 4. 10. 부활주일

주여! 우리 아이들을
주님께 부탁드립니다

주님은 우리를 위하여 십자가를 지셨습니다.
자신이 죽으심으로 우리들을 살리기 위함이었습니다.
그러나 아직 피어보지도 못한 꽃봉오리들을 꺾어버렸습니다.
어른들을 믿고 순종하던 저들을 죽음의 자리에 버리고 도망쳤습니다.

주님은 우리들을 위하여 기도하였습니다.
"아버지여 저들의 죄를 용서하소서! 저들의 죄를 알지 못하나이다."
그러나 저희들은 변명합니다. 내 잘못이 없다고 소리칩니다.
거짓과 위선, 책임을 전가하며 나만은 죄가 없다고 핑계합니다.

과학을 가르치고 디지털 시대를 자랑하며 로켓도 쏘아 올렸습니다.
수족관을 만들고 해양과학을 꿈꾸며 바다를 점령했노라 하면서
세월호 앞에 이렇게 무능한 우리들이었단 말입니까?
더구나 도덕도, 윤리도, 양심도, 기본적인 질서도 없었습니다.

우리 아이들은 입시도, 경쟁도, 고통도 없는 그 나라로 떠났습니다.

그러나 어른들은 아직도 모르고 있습니다.
자신이 얼마나 사악하고, 무능하고, 무지하고,
간사하고 추한 존재인지를…
앞으로도 얼마나 더 많은 잘못을 저지르게 될지 알 수가 없습니다.

더 이상 우리 아이들을 이러한 어른들에게 맡기지 말아주소서!
"나는 죄인이며. 아무 것도 할 수 없습니다"라고 고백하는 자들만
주님의 도구로 사용하시되 주께서 아이들을 친히 맡아 주시옵소서!

두려워하게 하시고, 무릎을 꿇게 하시고, 무능함을 알게 하소서!
더 이상 횡포하지 않게 하시고,
오히려 어린이들에게 배우게 하시고
자식이 부모보다, 제자가 스승보다 더 나은 사람이 될 수 있도록
주께서 친히 저들을 맡아 양육하여 주시고, 지켜 보호하여 주소서!
무능한 저희들은
오직 말씀에만 순종하는 청지기가 되게 하여 주시옵소서!

2014. 5. 4. 어린이주일

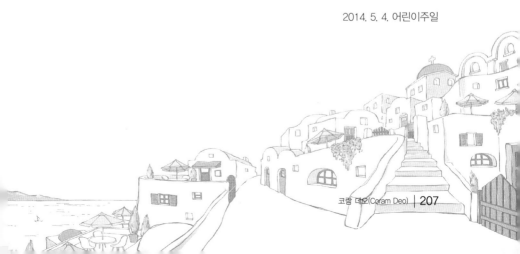

나도 울 엄마처럼 하고 싶은데

아침마다 울 엄마는 혼잣소리로
"내 몸이 왜 이리도 무거운 거냐?
천근이나 만근이나 되는 거 같네!"

누구보다 먼저 일어나셔서
밥 짓고, 도시락 싸고, 우릴 깨워서
행여나 지각할까 염려하시며
동구 밖까지 나와 배웅 하셨죠?

언제나 울 엄마는 바쁘셨지요.
"내 몸이 열 개라도 부족하구나!
이부자리 하나라도 네가 개야지!"

밭일이나 논일이다 아빠와 함께
온 종일 바깥일에 시달리셔도
빨래하고, 청소하고, 부엌일까지
잠시도 쉬지 않고 일만 하셨죠?

잠꼬대까지도 우리 엄마는
"숙제했냐? 손 씻었냐? 잘 먹어야지!
차 조심, 길조심, 사이좋게 놀아라!"

자식밖에 모르시던 우리 엄마도
그렇게 연약한 여자였다는 것을
나는 왜 몰랐을까? 어리석게도…

하늘나라 머나먼 그곳에서도
울 엄마는 내 생각만 하고 계실걸!
엄마! 아빠! 찾고 있는 내 새끼들 보면
나도 울 엄마처럼 하고 싶은 데…

2014. 5. 11. 어버이주일

이제는 성령님을
대망하며 기도합시다

'가정의 달'을 마무리하는 5월의 마지막 주일입니다.
어린이주일, 어버이주일, 청년주일, 부부의 날인 5월 21일까지…
우리는 그렇게 가정을 생각하며 분주하게 한 달을 보냈습니다.
그러나 5월 한 달 만 '가정의 달'인 아닌 것은 분명합니다.
가정에서 태어나, 가정에서 자라고,
가정을 위해 일하는 우리들입니다.
이러한 가정을 주신 하나님께 감사하는 달이 5월이었습니다.

언제나 우리와 함께 하시는 하나님의 사랑과 은혜를 기억하며
이제 우리는 무릎을 꿇고 부르짖는 '기도의 달'인 6월을 맞습니다.
가정을 위해서, 나라를 위해서, 민족을 위하여,
그리고 세계 열방을 위하여.

6월 8일은 성령 강림주일입니다.
성자 예수님이 탄생하신 성탄절이 중요한 교회의 명절인 것처럼
성령 하나님께서 임하신 이 날 역시 기독교 절기 중에서도 큰 명절

입니다.

부활하신 예수님이 40일간 이 땅에 계시다가

승천하신지 10일 만에 약속하신 대로 그의 성령을 보내어주심으로

교회가 시작된 절기입니다.

중요한 것은

예수님의 열두 제자와 120문도들도 성전에 모여 기도했습니다.

오순절을 앞두고 약속하신 성령님을 대망하며 간절히 기도했습니다.

가정을 위해서,

혹은 6월이 기도의 달이라 더욱 간절히 기도해야 합니다만

성경에 나타난 시기로 보아도 성령님을 대망하며 기도하는 절기입

니다.

아버지께서 약속하신 것을 기다리며,

오로지 기도에 힘썼습니다(행 1:4, 14).

세례를 받을 분들만 준비하는 게 아니라

온 성도들도 함께 기도해야 합니다.

남은 두 주간 온 성도들의 기도회 동참을 호소하는 것은

초대교회 다락방의 성령체험이

다시 한 번 우리들에게도 일어나기를 간절히 소망하기 때문입니다.

2014. 5. 25. 성령강림절을 기다리며

경건절제 – 환경주일

모든 자연의 주인은 하나님이십니다.
하늘과 땅, 온갖 동물과 식물들을 차례로 지으신 하나님은
그 모든 것을 인간에게 맡기셨습니다(창 1:27-28).

그러나 선악과에 눈이 먼 인간의 타락은
하나님과의 관계를 단절시켰고, 땅까지도 저주를 받게 했습니다.
땅은 가시덤불과 엉겅퀴를 내고(창 3:18),
흙으로 돌아오는 인간을 받되(창 3:19)
그 피까지도 받게 됩니다(창 4:11).

그래서 우리 주님은 이 땅에 화해의 주로 오시게 됩니다.
예수 그리스도의 십자가는 인간의 구원뿐만 아니라
자연을 위탁 받은 인간의 구원으로 자연까지도 희망을 가지게 됩니다.
결국 모든 만물과 환경의 회복은
구원받은 우리들의 책임이기 때문입니다.

주님의 나라는 이리와 어린 양이 함께 거하는 나라입니다.

어린이가 독사의 굴에 손 넣고 장난을 치는 나라입니다(사 11:6, 8).
만물은 그리스도의 피로 구속받은
그리스도인에 의하여 화해를 이룹니다.
고통당하는 피조물이 하나님의 자녀를 갈망하는 이유도 바로 이러한
이유 때문입니다(롬 8:19).

지구 온난화와 기후 변화의 문제.
화석연료 과다 사용으로 인한 이산화탄소의 배출.
수질 오염과 생태 환경의 파괴.
어느 것 하나도 우리의 손길이 없이는 불가능한 것이기에
그리스도인들이 발 벗고 나서야하는 것입니다.

"자연을 내 몸같이, 이웃을 주님같이!"
"경건한 신앙으로 아름다운 자연을!"

2014. 6. 1. 환경주일

성령강림주일

사람들이 모여 있다고 해서 다 교회는 아닙니다.
사도행전 1장에 보면
마가의 다락방에 120여명이나 모여서 전혀 기도에 힘썼습니다.
그러나 어디에도 이들을 교회로 이야기하지는 않았습니다.
사도행전 2장에 성령이 임하신 후에야 비로소 교회라고 불렀습니다.

성령님은 생명의 영이십니다.
태초에 하나님이 흙으로 사람을 만드셨습니다.
그러나 그냥 그대로 두었다면 그것은 찰흙공작일 뿐 사람은 아닙니다.
하나님의 생기(성령)를 불어넣으심으로 생령, 곧 사람이 되었습니다.

성령님은 구원의 영이십니다.
성령이 아니고는 누구도 예수를 주라고 부를 수 없고(고전 12:3)
그리스도의 영이 없으면 그리스도의 사람이 아닙니다(롬 8:9).
우리가 믿고 구원받게 된 것은
성령님이 우리 가운데 계시기 때문입니다.
성령님은 선교의 영이십니다(행 1:8).

"오직 성령이 너희에게 임하시면 너희가 권능을 받고 예루살렘과 온
유대와 사마리아와 땅 끝까지 이르러 내 증인이 되리라 하시니라."
땅 끝까지 나아가 복음을 전하는 힘은 오직 성령님으로 말미암습니다.

우리 주님 부활하신 지 50일째,
주님 승천하신 후 열흘이 지난 오순절!
약속하신 보혜사 성령님이 임하시자 새로운 역사가 일어납니다.
사람들의 모임은 교회가 되고,
사도들은 복음을 전하기 시작하였으며 믿는
사람들의 수가 3천, 5천, 수만으로 늘어납니다.

교회적으로나 사회적으로, 국가적으로
새로운 오순절의 역사가 필요합니다.
개인적으로는 더욱 말할 필요도 없습니다.
초대교회가 경험한 이 아름다운 역사를
사도행전 29장의 시대에도 계속되어 질 수 있기를 소원합니다.

2014. 6. 8. 성령강림주일

무릎으로 가는 길

chapter.04

성도의
책임과 사명

아아 잊으랴?
어찌 우리 이날을!

64년의 세월이 흘렀습니다.
그렇다고 해서 잊을 수는 없습니다.
지나 간 역사라고 하지만 6.25전쟁은 아직도 휴전 상태일 뿐입니다.
과거의 일이 아니라 현재의 일이기 때문에 더욱 잊어서는 안 됩니다.

처음부터 공산주의자들은 윤학영목사 등 선교사들을 학살하였고,
종성교회에서 김영진, 영국형제를 탈피하는 만행을 저질렀습니다.
이렇게 하나님을 대적하는 공산주의는
성경말씀대로 70년 만에 무너졌습니다.

품고 사랑하고 용서해야 할 내 민족 내 동포이지만, 6.25의 잔혹한
역사와 그들의 만행을 잊을 수도 없지만
결코 잊어서도 아니 됩니다.
한국군이 415,000명, 미군 36,700명이 전사하였고
유엔군 희생자 1만 7천명입니다.
민간인의 납북, 실종, 부상자를 포함하면

희생자의 숫자는 거의 천문학적인 숫자입니다.
복음전파를 위해 남대문교회가 지리산에 파송한 70명 중에는
살아남은 자가 한 명도 없으며,
예배 중 폭격으로 별세하거나 납북된 중직자도 헤아릴 수 없습니다.

'6.25의 노래'의 가사를 가지고 시비를 거는 이들이 있다고 합니다.
그 날의 피맺힌 절규를 안다면 대해 왈가왈부할 수가 없습니다.
"아아 잊으랴 어찌 우리 이날을, 조국을 원수들이 짓밟아 오던 날을
맨 주먹 붉은 피로 원수를 막아내어
발을 굴러 땅을 치며 의분에 떤 날을
이제야 갚으리. 그날의 원수를
쫓기는 적의 무리 쫓고 또 쫓아 원수의 하나까지 쳐서 무찔러
이제야 빛내리. 이 나라 이 겨레."

중요한 것은 다시는 전쟁이 일어나지 않도록 해야 한다는 것입니다.
그래서 잊지 말자는 것이고, 속지 말고, 방비하자는 것입니다.
모든 그리스도인들은 모여야 하고, 더욱 뜨겁게 기도해야 합니다.

정의와 평화를 위한 민족의 파수꾼으로 부름을 받은 성도들이기에
2014년 "나라와 민족을 위한 산상 기도회"로 모입니다.
제2차 산상기도에 적극 참여하시기를 부탁드립니다.

2014. 6. 22

유비무환(有備無患)

6월은 나라와 민족을 위한 기도의 달이었습니다.
동족상잔의 비극적인 역사를 체험한 우리 모두의 소원은
"다시는 전쟁이 없는 평화로운 나라가 되게 하옵소서!"라는
기도였습니다.

무수한 전쟁과 외국의 침략을 경험한 우리 국민으로서는
어느 민족보다 더 굳건한 국토방위의 필요성을 절감하고 있습니다.
더구나 우리의 국권과 자유가 송두리째 이웃에게 빼앗긴 적이 있어
왜 자주 국방이 필요한가를 누구보다 뼈저리게 느끼고 있습니다.
그래서 병역의 의무가 강조되고, 강한 군대를 요구하기도 합니다.

그러나 안타까운 것은
허물어져가고 있는 국방의식이나 위기의식입니다.
우리 여건이나 환경을 보면 정말 이럴 때가 아닙니다.
언제든지 자신과 나라를 지킬 수 있는 유비무환 정신이 필요합니다.

1, 2차 세계 대전은 물론 몇 백 년 동안 전쟁을 겪지 않은 스위스도

전 국민이 20세부터 55세까지 국방의 의무를 가지며
몇 천 명의 자위대가
유사시 몇 시간 만에 60만의 정예군으로 편성됩니다.
스스로 내 나라는 내가 지켜야 한다는 정신으로 충만하기 때문입니다.

삼천리반도 금수강산 대한민국은 하나님이 주신 나라입니다.
자주국방은 전쟁 가능성 여부와 관계없이 중요한 일입니다.
민방위 훈련이 약화되고 학생 교련시간이 사라져 버린 것은 그만큼
우리들의 의식과 정신무장에 문제가 있다는 것입니다.

세월호 침몰사고나 군부대의 총기사건 등,
연일 터지는 부끄러운 일들도 따지고 보면
위기상황이나 유사시를 위한 대처훈련이 부족한 것이 문제지만
'설마'라고 하는 안일한 정신문제와도 깊은 관계가 있습니다.
계절적으로
태풍이나 장마철을 앞두고 있다는 사실도 염두에 두어야 하지만
종말을 기다리는 성도들에겐
영적인 유비무환의 정신도 엄청나게 중요합니다.

2014. 6. 29

맥추감사절과 성찬예식

주님께서 잡히시던 날 밤이었습니다.
오실 때에는 누우실 방 한 칸이 없어 구유로 오신 주님은
제자들에게 다락방 하나를 준비하라(눅 22:12)고 하셨습니다.
주님은 그 곳에서 최후의 만찬을 행하셨습니다.

떡을 가지고 감사 기도를 하신 주님은 그 떡을 떼어 주십니다.
"이것은 너희를 위하여 주는 내 몸이라. 이를 행하여 나를 기념하라."
저녁을 먹은 후에 잔도 그와 같이 하셨습니다(눅 22:19-20).
"이 잔은 내 피로 세우는 새 언약이니 곧 너희를 위하여 붓는 것이라."

우리 교회에서는 일 년에 네 차례의 성찬식을 거행합니다.
송구영신예배, 종려주일, 맥추감사주일과 종교개혁주일입니다.
특별히 맥추감사주일인 오늘은
한 해의 반인 지난 6개월을 되돌아보며
주님과 함께 하는 6개월이 되기를 다짐하며 성찬식에 참여합니다.

정말 길지 않은 지난 6개월이었으나 너무나 많은 일들을 겪었습니다.

하나님의 은혜가 아니면 견디기 어려웠던 날들이었습니다.
그럼에도 성찬식에는 감사하는 마음으로 참여해야 합니다.
감사(ευχαρις)가 없는 성찬(ευχαριςτ)은 의미가 없기 때문입니다.

그래서 부탁을 드립니다.
맥추절 감사예물 보다도 더 큰 마음의 빈방을 준비해 두셔야 합니다.
성탄의 아침, 누우실 주님은 마굿간으로 오셨으나 지금은 마주보고
앉아 주님께서 주시는 떡과 잔을 나눌 수 있는
그 넉넉한 다락방 한 칸이 필요합니다!

감사와 찬송과 기도의 다락방을 준비하는 마음이 필요합니다.
말씀의 떡을 나누며 사랑을 나누는 믿음의 사랑방이 필요합니다.
소통(communication)과 치유(healing)를 이야기하는 시대입니다.
그래서 다락방 하나라도 준비할 수 있는 여유가 필요 합니다.

2014. 7. 6. 맥추감사절

교사주일
– 전에 하던 대로(단 6:10)

'선생(先生)님'이라는 단어는 먼저 태어났다는 뜻입니다.
물론 한자말이 아닌 우리말로는 '스승'이라는 단어도 있고,
성경에는 하나님의 부르심이 전제되는
'선지자'(先知者)라는 말도 있습니다.

교회학교의 여름행사를 위해 수고하실 교사들의 헌신을 염두에 두고
총회는 7월 둘째주일을 '교사주일'로 제정한 것 같습니다.
'교사'라는 말은 '가르치다'(敎)와 '스승'(師)이라는 의미를
함께 가진 단어입니다.

최근 교육에 대한 새로운 연구 결과들이 발표되고 있습니다만
과거 훌륭한 스승들의 가르침을 능가하지는 못하고 있습니다.
우리는 성경에서 본받아야 할 많은 위대한 교사들을 찾게 됩니다.

모세, 여호수아, 사무엘, 나단, 엘리야, 엘리사, 조만식, 안창호, 이
상재, 이승훈, 김구 선생님과 같은 분! 새로운 이론이 필요 없다는

말이 아니라 최소한 다니엘이 그랬던 것처럼
교사는 옛 스승들이 "전에 하던 대로"하는 것이 기본입니다.
교회학교 교사들은 적어도 하루 세 번씩 무릎을 꿇고 기도해야 합니다.

교습을 이미 받은 사람보다는
처음 배우는 사람을 가르치기가 더 쉽습니다.
피아노든, 바이올린이든, 수영이든, 서예든 다 마찬가지입니다.
초신자들 보다 잘못된 신앙인들을 고치기가 더 어렵습니다.
교사들에게 감사하는 자세가 필요한 이유도 바로 이 때문입니다.
부정적인 교사가 아니라 긍정적인 사고를 가진 교사가 필요합니다.

지적으로 잘 가르치는 교사가 되어야 하고,
감성적으로 감동감화를 줄 수 있고
모든 일에 모범이 되어야 합니다.
교회학교일수록 더욱 그렇습니다.

새로운 교수 방법이 필요하고, 다양한 학습도구도 필요합니다.
그러나 선배들이 가졌던 "전에 하던 대로"의 자세가 필요합니다.

2014. 7. 13. 교사주일

여름성경학교와 수련회

방학을 손꼽아 기다립니다. 여름성경학교 때문입니다.
책가방을 얼른 집어던지고 성경학교가 열리는 교회로 달려갑니다.
안타깝게도 이 이야기는 더 이상 우리들의 이야기가 아닙니다.
동남아시아 선교지나 중앙아시아 어느 나라 이야기인 것 같습니다.
분명히 우리들의 이야기였는데 말입니다.

짧아진 일정, 매끈한 프로그램, 단출해진 교재들.
언제부턴가 바뀌어져 버린 성경학교 모습에 어른들도 놀랍니다.
아이들은 여전히 성경학교를 기다리는 데
문제는 어른들의 관심입니다.
선생님들은 준비에 분주하고 봉사자들은 정성을 다해 섬기지만
정작 무관심한 분들은 학부모들입니다.

하나님께 맡겨야 한다고 그토록 강조하지만
부모님들은 아이들보다 먼저 방학계획을 짜놓고 기다립니다.
입시학원, 영어교습소, 무슨 캠프에다가 각종 훈련 프로그램까지…
내가 키우면 나보다 더 나은 아이로 키울 수 없는데도 말입니다.

이 모든 염려가 우리 교회와는 무관한 기우(杞憂)이기를 바랍니다.

이미 우리교회는 소년부부터 성경학교가 시작이 되었습니다.
다음 주부터는 영유아, 유치부와 유년부가,
그리고 청소년부로 이어집니다.
땀 흘려 준비한 이번 성경학교에 전무한 역사가 나타나기를 기도합
니다.
우리 교회 성도님들의 자녀들은 100% 참여하기를 기대합니다.
그 옛날, 소문난 어떤 성경학교보다
더 알찬 여름행사가 되었으면 좋겠습니다.

저는 인도네시아에서 현지인 지도자들을 위해 강의하고 있습니다.
한국교회의 지나간 역사와 부흥성장을 이야기하면서…
지금도 준비된 마음과 열성만 있으면 하나님께서 다 이루어주시는데…
성경학교도 마찬가지입니다.
선생님들의 수고, 학부모들의 관심, 교회의 협력!
하나님께서는 지금까지 보지 못했던 역사를 이루어주실 것입니다.

2014. 7. 20. 인도네시아 수마트라에서

젊은이들이 교회와 멀어지는 이유

가능하면 부정적인 말은 피하고 싶지만
이러한 사실을 시인하고 싶은 마음은 아니지만
어쩔 수 없는 현실이 되어 우리 앞에 다가온 문제입니다.

비록 주일날 회집되는 장년 교인의 수가 오육십 명에 불과하더라도
교회학교 학생들의 숫자가 이삼백 명, 오륙백 명이 되기도 했는데
이제는 어른들의 수가 수백 명이 모이는 중형 교회라고 할지라도
주일학생은 많아야 수십 명이고, 교회학교가 없는 교회도 있습니다.

다음세대를 위한 논의도 많고, 여러 방안들이 발표되기도 하지만 그
중에서도 시급한 일은 그들이 떠나는 이유를 아는 것입니다.
"요즘 젊은이들이 왜 교회를 멀리하며, 떠나는 것일까?"

권위주의, 물량주의, 배타주의, 기복주의, 신비주의, 개교회주의…?
이러한 것들도 포함은 되지만 결정적인 원인은 이것이 아닙니다.
심각합니다.
교회에서는 더 이상 꿈을 볼 수 없기 때문이라고 한답니다.

오늘날의 청년들에게 도전 의식이나 용기가 없는 것도 아니며
문제 해결을 위한 주역으로서의 자리를 포기한 것도 아니랍니다.
소망이 있고 내일이 있다면 어떤 어려움도 극복할 수 있습니다.
그런데 희망도 없고, 바라볼 수 있는 비전도 없는 교회라고 하니…
정말 가슴 치며 통곡할 일입니다.
예수님만이 유일한 소망인데 말입니다.
그렇다면 그 소망의 자리를 누군가 차지하고 있기 때문이 아닐까요?

당장 우리들도 그 자리를 이들에게 양보할 수 있어야만 합니다.
인류의 소망이신 주님이 주인인 교회로!
청년들이 마음껏 꿈꾸는 교회로!
모든 관심이 다음 세대에만 집중되었던 그 시절이 그립습니다.
더 이상 젊은이들이
교회의 구색을 갖추는 들러리가 되지 않게 해야 합니다.
우리들도 청년수련회를 앞두고 다시 한 번 이 문제를 짚어봅니다.

2014. 8. 10. 청년수련회를 앞두고

참된 해방은 영적회복으로부터

한국교회는 애국충군(愛國忠君)하는 교회로 시작되었습니다.
한국교회는 제중원에서부터(1885년 6월 21일) 시작됩니다.
제중원(남대문)교회 130년의 역사는 한국교회의 역사인 것입니다.
처음부터 교회는 임금을 존중하고 이웃을 내 몸과 같이 섬겼습니다.
감동받은 고종이 선교사에게 기독교를 국교로 하자고 제안합니다.
물론 언더우드는 정교분리를 강조하며 정중하게 사양하였습니다.

지금도 나라와 민족을 위한 '국가조찬기도회'가 있습니다만
이미 당시에 '임금과 나라를 위한 구국 기도회'가 있었습니다.
2천만 명의 1%도 안 되는 기독교인들이 3.1운동을 주도하였으며,
민족 대표 33인 중에도 기독교인이 16명이었습니다.
우리교회에서의 함태영조사와 33인의 대표 중 한 명인 이갑성집사,
학생동원 책임자였던 이용설 청년 등
우리교회가 이 운동의 중심이었습니다.

해마다 돌아오는 8월 15일은 우리교회로서는 잊을 수 없습니다.
36년 동안 빼앗긴 국권을 되찾기 위한 우리들의 과거!

그러나 당장 우리가 해야 할 일이 무엇인지를 알아야합니다.
남대문교회는 대한민국의 6만 교회 중의 하나에 그쳐서는 안 됩니다.
한국교회의 뿌리이고 어머니이며, 못자리이기 때문이기도 하지만
우리에게는 한국교회를 부둥켜안고 기도해야 할 사명이 있습니다.

내년이면 해방 70년입니다.
해방의 기쁨을 노래하지만 해결해야 할 문제들이 더 많습니다.
출애굽역사와 바벨론 포로에서 돌아온 이스라엘의 찬양을 압니다.
빼앗긴 나라와 분단된 조국을 안타까워하며 골방과 토굴 속에서
목 놓아 울부짖었던 믿음의 선배들의 기도를 생생하게 기억합니다.
주님의 응답은 정치적, 경제적 논리나 군사적인 힘이 아니었습니다.
언제나 신앙 회복과 여호와를 의지하는 영적 회복이 먼저였습니다.
참된 자유와 해방 선언은
언제나 성도들의 영적 각성에서부터 시작됩니다.

2014. 8. 17. 광복기념주일

교황에게서도 배워야 합니다

참 어렵습니다. 지도자의 행보라는 것이 더욱 더 그렇습니다.
천주교회의 교황인 프란체스코가 한국방문을 마치고 돌아가자마자
마치 기다렸다는 듯이 존경과 비하의 토론이 거침없이 쏟아집니다.

예수님처럼
낮은 자, 헐벗은 자, 고통 받는 자들에게로 향하는 그의 발길!
연로에도 불구하고 짧은 5일 동안 쉼없이 찾아가 위로하던 그의 손길!
소울이라는 소형차를 타는 겸손과 검소함을 보여준 아름다운 모습!

한국교회 목회자들은 이 일로 크나 큰 경각심을 가지게 되었고
소박한 삶, 인자한 웃음, 약자에 대한 관심,
희망적인 메시지를 배웠으며,
지도자라면 누구와 어떻게 소통해야 하는지 깨닫게 되었습니다.

부정적인 말로 거침없이 비난하고 평가하는 자들도 있습니다.
각본에 따른 연출, 교세확장을 위한 계획된 모임,
다분히 정치적인 메시지!

전세 항공기와 방탄용 소울,
한국천주교회가 감당해야할 바티칸의 재정부담!
겉으로 위로하면서도
일본정부나 폭력집단에 대해 침묵으로 일관하는 등.

가톨릭신자들에게는 그 분이 하나님을 대신하는 영적 지도자입니다.
제도적으로나 영적으로 천주교와 기독교는 근본적으로 다릅니다.
구조적으로만 그런 것이 아니고 교리적으로도 확연히 구별됩니다.
천주교신자도 아니면서,
더구나 제도적으로 전혀 다른 안목을 가진 사람이
함부로 이번 교황 방문의 일정이나 그의 행보를,
심지어 종교적 메시지까지, 그것도 자기 임의로 평가한다는 것은
정말 위험한 일이 아닐 수 없습니다.

바티칸은 교황청이 있는 곳이지만 세계가 인정하는 소국입니다.
비록 종교가 달라도 교황은 종교 지도자이자 한 나라의 원수입니다.
왕과 같은 지위를 가진 분이 스스로 낮아져
소외된 자를 품어주기도 하고
또 그들의 이야기를 들어주는 겸손함을 보여주었습니다.
개신교인이라도
오히려 그 모습을 배우려고 노력하는 것이 옳지 않을는지요?

2014. 8. 24. 로마가톨릭교회의 한국방문 평가를 보고

주님과 함께 다시 시작하는 가을!

기승을 부리던 더위도 계절 앞에서는 별수가 없습니다.
아침저녁으로 시원해진 것을 보면 더욱 그렇습니다.
어느 누구도 감히 하나님의 창조 질서를 거스를 수 없습니다.
자연만 그런 것이 아니라 우리 인생도 마찬가지입니다.

모든 것을 내 맘대로 할 수 있다고 믿는 것은 착각입니다.
염려함으로 키를 높일 수도 없고
걱정한다고 시간도 늘이지 못하면서도
모든 것을 내 마음대로 할 수 있다고 생각하는 것은 잘못입니다.
그래서 성경은 범사에 그를 인정하라고 교훈합니다(잠 3: 6).

물론 인간의 노력이나 수고도 필요합니다.
그러나 그것도 하나님의 뜻과 일치하는 것이어야 합니다.
그분의 뜻에 어긋나는 것은 수고한다 할지라도 무익합니다.
그러므로 순종이 중요하고, 여호와를 아는 것이 우선입니다(호 6: 6)

모든 지식의 근본은 여호와를 경외하는 것입니다(잠 1: 7).

모든 성공의 비결은 여호와께 의지하는 것이며(시 37: 5)
범사가 형통할 수 있는 방법도(창 39:2,3).
주께서 우리를 부르신 첫째 목적도(마 3:14).
함께 하시기 위함이었습니다.
더위보다 뜨거운 믿음으로 여름을 이기자고 말씀드렸습니다.
이젠 정녕 그 뜨거운 믿음의 열매와 소출을 바라보아야 할 때입니다.
100미터 달리기 선수에게 마지막 골인지점이 중요한 것처럼
이제 추수하는 것도 처음 씨를 뿌리던 그 마음으로 해야 합니다.

후반기 정리기간은 불과 몇 달입니다.
구역회도, 각 기관 활동도, 전도나 선교나 각종 교회 행사도
주님의 뜻에 맞추어 새로운 마음으로 시작하여야 합니다.
주님과 함께 새롭게 시작하는 아름다운 가을이 되시기를 바랍니다.

2014. 9. 14

교회가 할 일은
주님의 사역을 계승하는 것

선교사 입국 130주년 기념행사가 계속되고 있습니다.
역사위원회가 주관하는
'알렌의 발자취를 따라' 국내성지탐방이 마무리되었고
지난 17일 부터 한국장로교역사학회 주관 행사가 시작되었습니다.

오늘 찬양예배는
특별히 알렌선교사 입국 130주년 기념예배를 드립니다.
특별히 감사한 것은 연세의료원장께서 축하 인사를 해 주시고
알렌이 성장한 델라웨어제일장로교회에서 축전까지 보내왔습니다.

역사적인 이 해에는
선교지 교회와 협력하여 케냐로 선교사를 파송하고
금주 수요일(24일)은 '알렌의 손길'을 기억하며 노숙인 봉사를 하게 되
며 무엇보다 큰 행사인 파이프 오르간 연주회가 우리를 기다립니다.

교회는 행사도 중요하지만 기본적인 사역이 중요합니다.

주님의 몸 된 교회이기 때문에 그 분이 하시던 일을 계속해야 합니다.
주님은 공생애 기간에
교회가 해야 할 기본적인 일을 직접 보여주셨습니다.

> – 두루 다니시며 천국의 복음을 선포(preaching)하셨습니다.

> – 하나님 나라를 직접 가르치셨습니다(teaching).

> – 각색 병든 자들과 약한 자들을 고쳐주셨습니다(healing, 마 4:23; 9:35).

한국 교회의 모태인 제중원에서도 같은 일을 감당하였습니다.
고종황제는 병원과 학교만 허락하고 교회라는 이름을 금하였습니다.
그러나 제중원은
1885년 6월 21일부터 분명한 예배공동체로 시작합니다.

설교와 세례와 성찬예식을 행하였으므로
제중원은 실제적인 교회였습니다.
가르치며(연희전문학교) 치유사역(세브란스병원)을 계속했습니다.
주님의 3대 사역을 근거로 한 정책이므로
트라이앵글선교라고 부릅니다.

우리가 알렌선교사 입국 130주년 행사를 진행하는 것은
이 시대의 교회가 힘써야 할 일이 무엇인지 확인하기 위해서입니다.
한국교회는 선교초기부터 주님의 하신 일을 근거로 사역하였습니다.

2014. 9. 21. 알렌입국 130주년기념주일

전도보다 더 급한 일이 없습니다

참된 믿음은 행함으로 말미암습니다.
믿음이 있노라 하고 행함이 없으면 무익하다(약 2:14)고 선포한
야고보는
"행함이 없는 믿음은 그 자체가 죽은 것"(약 2:17)이라고 경고합니다.
믿음은 참으로 중요합니다. 구원의 능력이 되기 때문입니다.

인격에 대한 평가 잣대는 언행일치(言行一致)에 있습니다.
믿음으로 구원 얻는 것은(以信得救) 분명합니다.
그러나 신앙인에게도 나름대로의 측정 기준이 있습니다.
그 나라에서도 틀림없이 그렇게 평가할 것입니다.

구원 받고 천국에 가는 것은 은혜입니다.
죄에 대한 심판은 우리 주님께서 십자가 위에서 해결하셨습니다.
그럼에도 불구하고 남아있는 사명이 있습니다.
벼르기만 하다가 그만 둔 세상일처럼 되지 않기를 바랍니다.

늦어질 수도 있고

베풀어야 하는 구제가 형편에 따라 미흡할 수도 있지만
정말 긴급한 일이 있습니다.
구급차 사이렌소리보다 더 다급하게
구조를 요청하는 외침들이 있습니다.
꺼지지 않는 불 속으로 빠져 들어가는 영혼들의 비명 소리입니다.

이제 더 이상 지체할 수 없습니다.
사실 전도는 믿음이냐 행함이냐 토론할 시간조차도 없이
긴급한 일입니다.
되더라! 안되더라! 토의나 논쟁은 그 나라에 가서나 다시 합시다.
지옥문에 이른 자들을 빨리 대피시켜야 할 때가 바로 지금입니다.

세월은 빨리 흐르고 세상 친구 가는 데…
그래서 지금 나서야 합니다.
밤낮을 따질 수가 없습니다.
시간을 핑계할 수가 없습니다.
화염이 덮치면 옷 껴입고, 앞을 가리고, 꾸밀 여유조차 없는 것처럼
이제는 전도대상자를 작정하고,
기도하며 나서야 할 때인 것입니다.

2014. 10. 5. 총동원전도 선포주일

하나님의 일은 하나님이 하십니다

태초에 하나님께서 천지를 창조하셨습니다(창 1;1).
우주 만물이 다 그 분의 말씀에 의하여 창조되었습니다.
자연에 국한되지 않습니다.
모든 만물뿐만 아니라 만사(萬事)가 다 하나님의 일이기 때문입니다.

특별히 하나님의 영광과 주권을 강조하는 장로교인들이고
무엇보다 그리스도인들은
주께서 성별하여 세우신 믿음의 성도들이기에
감격하는 마음으로 예배드리고, 찬양하며, 기도합니다.
섬기며, 봉사하고, 친교를 하며, 아름다운 사랑을 베풀기도 합니다.

모든 것이 다 하나님의 일이고, 그 분의 섭리라고 하지만
그래도 하나님은 사람들을 통하여 일하시는 분이십니다.
(God works through men and women.)
그러므로 하나님의 사람인 우리들이 결코 잠잠해서는 안 됩니다.

정말 힘든 일이 있습니다.

구원의 은혜와 크신 사랑에 감격하여
열심히 복음을 전하며 전도하지만
그것은 어디까지나 우리가 전하며, 베풀며, 수고하는 노력일 뿐
참된 변화와 전도의 열매는 우리 힘으로는
불가능하다는 것입니다.

부부는 한 몸이라고 하면서도
신앙을 가지는 일이 어찌 그리도 힘이 드는지!
내 속에서 나온 내 자식이요,
분명히 모든 말에 순종할 것도 같은데
유독 예수 믿고, 구원 받자는 말은 왜 그리도 안 듣고
반항을 하는지!
그렇습니다.
전도는, 구원은, 선교는 전적으로 주님의 일이기 때문입니다.

그래서 주님께서도 분명하게 말씀하셨습니다.
"성령이 너희에게 임하면 너희가 권능을 받고…"(행 1:8).
부탁입니다. 나서지 마십시오.
내가 해야 할 일은 기도하는 일입니다.
절대로 지옥에 보내서는 안 될,
바로 그 이를 위하여 우리 모두 기도하자는 것입니다.

2014. 10. 12. 전도대상자 작정주일

우리 자신을 돌아보자

교회는 믿는 사람들의 모임, 곧 그리스도인들의 공동체입니다.
개인의 정체성만큼이나 교회의 정체성도 중요합니다.
"내가 누구냐?"를 잃어버린 오늘날입니다.
이 문제를 해결할 수 있는 곳은 교회 밖에 없습니다.
그러므로 이 문제는 바로 교회의 당면 문제이자 중요한 과제입니다.

결국 개혁교회(Reformed Church)라고 하지만
개혁은 먼저 자기갱신(Innovation)에서 시작되어야 합니다.
기독교에서 말하는 자기 갱신은 '본래적인 인간의 모습'
곧 하나님의 형상의 회복이요, '사람됨'이 우선적 과제입니다.

누구든지 이런 것에서 자기를 깨끗하게 하면
귀히 쓰는 그릇이 되어 거룩하고 주인의 쓰심에 합당하며,
모든 선한 일에 예비함이 되리라(딤후 2:21).

이 말씀(딤후 2:21-22)은 2015년 우리 교회의 교육주제 성구입니다.
교회는 하나님이 쓰시는 가장 귀한 그릇입니다.

그러므로 교회는 사람이 모여 있다고 해서 다 교회가 아니고
쓰임을 받을 수 있는 그릇이 되어야 합니다.

하나님은 사람을 흙으로 빚으시고 그 코에 생기를 불어넣으셨습니다.
그래서 비로소 사람(생령)이 되었습니다(창 2:7).
사람들이 모여 전혀 기도에 힘쓰자
성령님이 임하심으로 교회가 되었고
성령 충만함을 입은 제자들이 성령이 말하게 하심을 따라 말함으로
그들의 말을 알아듣는 사람들에게
'예수는 그리스도'임을 증거 하였습니다.
그러므로 교회는
'성령의 공동체', '증언의 공동체', '선교의 공동체'입니다.

2014년 종교개혁주일인 오늘 우리들은 자신을 돌아보아야 합니다.
성찬예식을 통하여 진정으로 새롭게 됨이 무엇인지를 깨닫고
교회 갱신의 의미와
성도들의 자기 변화를 위한 역할을 확인하여야 합니다.

2014. 10. 26. 종교개혁주일

네가 나와 상관이 없느니라

주님은 자신이 세상을 떠나
아버지께로 가실 때가 된 줄을 아셨습니다.
그래서 저녁을 잡수시다 일어나 겉옷을 벗고
수건을 허리에 두르시고 대야에 물을 떠서
제자들의 발을 씻으시고 수건으로 닦아주셨습니다.
베드로는 이를 만류합니다.
"내 발을 절대로 씻지 못하시리이다."
"내가 너를 씻어주지 아니하면 네가 나와 상관이 없느니라"(요 13:8).

부끄럽지만
우리들은 주님으로부터 큰 은혜를 받아 누리는 자들입니다.
죄는 내가 짓고 벌은 주님이 받으셨으니
송구스럽기가 그지없습니다.
그러시고도 끊임없이 우리들에게 사랑을 베푸시는 하나님이십니다.
주님과 나는 보통 관계가 아니기 때문에 말씀하셨습니다(요 13:15).
"내가 너희에게 행한 것 같이 너희도 행하게 하려고 본을 보였노라."

우리의 삶은 주님과 상관이 있습니다.

그것도 보통 깊은 관계가 아닙니다.
주님께서 우리에게 말씀하시는 깃은 모두 우리에게 복이 됩니다.
주께서 "주와 선생이 되어" 본을 보이시며
제자들의 발을 씻어주셨으나
사실은 이것도 우리들에게 큰 복이기 때문에 말씀하신 것입니다.
"너희가 이것을 알고 행하면 복이 있으리라"(요 13:17).

우리들은 가장 큰 복, '복 중의 복'이 무엇인지 분명히 알고 있습니다.
히브리서는 '큰 구원'을 등한히 여기지 말라고 당부합니다(히 2:3).
이 구원은 주께서 말씀하셨고,
들은 자들이 확증한 바라고 선언합니다.
그러므로 이 복음을 듣고,
확증한 그리스도인들이 잠잠해서는 안 됩니다.
바울도 이를 전하지 않으면 "내게 화가 있을 것"이라고 고백합니다
(고전 9:16).

주님과 상관이 없는 우리들이 아니지만 그래도 깊이 명심해야 합니다.
"누구든지 사람 앞에서 나를 시인하면
나도 하늘에 계신 내 아버지 앞에서 그를 시인할 것이요
누구든지 사람 앞에서 나를 부인하면
나도 하늘에 계신 내 아버지 앞에서 그를 부인하리라"(마 10:32-33).

2014. 11. 9. 총동원전도주일을 앞두고

성도의 책임과 사명

성도들이 누리는 특권은 세상의 어느 것과 비교할 수 없습니다.
하나님의 자녀로서 땅의 복과 하늘의 복을 동시에 향유합니다.
원래부터 가질 수 있던 복이 아니라 전적으로 은혜로 말미암습니다.
그러나 누리는 혜택에는 반드시 따르는 책임이 있습니다.
성도로서 감당해야 할 의무가 있다는 것입니다.

우리들은 천국의 백성들입니다.
대한민국 국민으로서 국가에 대한 의무가 있는 것과 마찬가지입니다.
국민의 4대 의무는 교육, 납세, 병역, 근로의 의무로 이야기합니다.
성도들도 교회에 대하여
주일성수, 헌금, 전도, 봉사의 의무가 있습니다.
이것을 저는 1/7, 1/10, 1/100, 1/1000으로 설명합니다.

성도들에게는
주일을 구별하여 거룩하게 지키는 것(1/7)은 기본입니다.
주일성수의 구체적인 모습은 하나님께 드리는 예배가 그 중심입니다.
주일예배나 찬양예배 외에

수요예배, 구역예배, 새벽기도회도 포함됩니다.
동시에 교회의 운영과 사명 감당을 위해서는 물질도 필요합니다.
그래서 주님이 몸 된 교회를 위하여
성도들이 헌금(1/10)은 필수적이지요.

교회는 하나님의 뜻을 이루어 나가는 공동체입니다.
하나님은 "모든 사람들이 구원받기"를 원하십니다(딤전 2:4).
아흔 아홉 마리를 우리에 두고도
잃은 양 한 마리를 찾으시는 주님이기에
한 분이라도 더 예수님을 믿게 하는 것(1/100)이 교회의 사명입니다.

더구나 교회와 성도들은 하나님 나라를 위하여 세상을 섬깁니다.
세상의 천 날보다
하나님의 문지기로 섬기는 하루가 중요하기에(1/1000)
성도들이 사명 가운데 빠뜨릴 수 없는 것이 봉사 생활입니다.

새 가족을 환영하는 주일인 오늘!
부름 받은 성도로서
우리들의 책임과 사명을 다시 한 번 확인해 봅니다.

2014. 11. 23 새가족 환영주일

직분자의 자세

교회에서 일을 맡은 자들을 직분자라고 부릅니다.
청지기, 곧 집사(잡을 執, 일 事)로서의 직분입니다.
설교를 맡은 집사를 목사라고 하고,
치리하는 집사를 장로라고 합니다.
가르치는 집사를 교사,
심방하고 기도하는 집사를 권사라고 부릅니다.
집사야말로 교회의 살림을 맡은 청지기로 가장 기본적인 직분입니다.

교회에서 성도에 의하여 세워지는 최초의 직분이 집사입니다.
집사 직분을 세우게 된 동기는 사도행전 6장에 나타납니다.
물론 구제와 봉사가 중심이지만
교회 안의 원망이 가장 큰 이유입니다.
원망이 없도록 하려고 집사를 세웠고
구제와 봉사하는 일을 맡겼습니다.
원망을 일으키는 일이 비일비재한 한국교회를 돌아보게 합니다.

"사람이 마땅히 우리를 그리스도의 일꾼이요
하나님의 비밀을 맡은 자로 여길지어다.

그리고 맡은 자들에게 구할 것은 충성이니라"(고린도전서 4:1-2).

청지기는 자기의 것이 없습니다.
일을 맡은 자일뿐입니다.
집사들은 자기 임의로 처신할 수 없습니다.
주인이 계시기 때문입니다.
일 맡은 자들은 충성을 다하여야 합니다.
그것이 본분이기 때문입니다.
그런데 사람들은 자기 마음대로 합니다.
너무 자기중심적입니다.
일꾼이요, 비서(비밀을 맡은 자)로서, 충성을 다하여야 합니다.

항존직의 직분을 맡은 자들은 주님께서 특별히 세워주신 분들입니다.
성도들에게 신임을 받고 표를 얻어 선출된 대표들입니다.
당회의 지도를 받고 일정한 훈련과 교육 절차를 받았으며
하나님께 충성하기로 서약하고 안수를 받은 직분자들입니다.
나의 생각과 입장보다는 성도들의 대표라는 책임감이 필요합니다.

항존직 수련회는
은혜를 받으며 기도로 새해를 시작하는 것도 중요하지만
함께 모여 다가오는 새해 설계와 나의 직분을 확인하는 시간입니다.

2014. 11. 30. 항존직 수련회

부모 없이는 살 수 있어도 핸드폰 없이는…

상상도 하기 힘들고,
절대로 그런 일이 일어나지도 않겠지만
모든 전화기가 딱 10분만이라도 불통이 된다면
어떤 일이 일어나게 될까?

출근하고 보니 핸드폰을 집에 두고 왔습니다.
가족은 부산에 가고 없는데,
약속된 시간 때문에 집에 갈 수도 없고…
온 종일 그냥 다녔더니 글쎄 여기저기서 난리가 났습니다.
온 가족이, 심지어 교회까지도 무슨 실종 신고라도 할 기세입니다.

벌써 오래전 일입니다.
북한의 실상이 전혀 공개가 되지 않는 때였습니다.
반공도덕 선생이라 특별히 북한 어린이의 영상을 볼 수 있었습니다.
유치원 어린이로 보이는 한복차림의 소녀 하나가 담당하게 외칩니다.
"부모님 없이는 살 수가 있어도 수령님 없이는 살 수가 없습니다."

아, 이 얼마나 소름이 끼치는 소리입니까?

이 땅의 젊은이들과 청소년, 아니 기성세대들이 함께 외치는 이 소리!
"부모 없이는 살수가 있어도 핸드폰 없이는 살수가 없습니다."
내 귀엔 자꾸
"하나님 없이 살 수 있어도…"로 들리니 이를 어찌합니까?

눈뜨면 찾아들고 온종일 품고 있다가
잠자리에 들 때야 손에서 놓습니다.
밥을 먹어도, 일을 해도, 시시때때로 들여다 봅니다.
혹시라도 방전이 될까봐 언제나 배터리 충전 량을 점검하고 거기다
모든 비밀을 다 쓸어 넣기도하고,
온갖 케이스와 장식품으로 다 꾸며봅니다.

일어나면 바로 하나님께 기도하며,
온 종일 주님과 동행하는 삶을 사는지?
식사 때나 일할 때도,
길에서나 집에서도 늘 주님과 교통하며 대화하는지?
언제나 신앙의 상태를 점검하고
성령과 말씀이 충만한가를 점검하고 있는지?
마음과 정성과 뜻을 다하여 그 분을 섬기며,
영광 돌리며 살고 있는지?

지나친 억측일까요?
핸드폰은 혹시 하나님의 자리를 넘보는 이 시대의 우상이 아닐는 지요?

2014. 12. 7.

제2의 성장을 꿈꾸는 일을 위해 기도합시다

모든 교회가 다 그래야 하지만
남대문교회의 변치 않는 지표가 있습니다.
'한국교회와 민족을 섬기는 교회!'
'시대적 사명을 다하는 교회'라는 지표에 대한 구체적인 표어입니다.

한국교회는 세계가 괄목할만한 엄청난 성장을 경험하였습니다.
물론 지난 100여년의 동안 모든 종교나 이단들까지도 다 그랬지만
교회의 성장은 타 종교나 다른 나라에 비하면 비약적이었습니다.

"해방 당시 한국 기독교인의 수는 개신교 30만 명, 천주교 19만 명
등 50만 명도 채 안되었으며, 60년대 초까지 1백만 명을 넘지 못했
다. 서서히 늘던 기독교인 수가 70년대에 들어서며 양적인 급성장을
시작…"   〈1982년 4월 11일자 한국일보 8면〉

문제는 질적인 성장이 양적인 급성장을 따르지 못하였다는 것입니다.
그래서 한목소리로 한국교회도 이제 성숙해져야 한다고 외칩니다.

분명한 지적입니다.
그러나 성장 자체를 문제시해서는 안 됩니다.

한국교회 어머니교회의 성도들인 우리들부터 깨어 기도해야 합니다.
마치 내 자녀들의 성장과 성숙을 위하여 기도해야 하는 것처럼!
그리고 신뢰받고, 인정받고, 자기 역할을 다하는 교회들이 되도록…

무엇보다 골칫거리는
이단이나 사이비, 반기독교단체들의 문제라고 하지만
교회가 건전하게 성장한다면 이들은 발붙일 곳이 없게 될 것입니다.
그래서 우리의 기도 제목이 바로 교회의 건강과 성장과 성숙입니다.

지난 주중에 가나안농군학교를 방문 하였습니다.
자칭 농사꾼이라고 말씀하시는 김범일 장로로부터
교회를 위해 기도할 제목이 무엇인지 깨닫게 하는 말씀을 들었습니다.
"배추가 무성하면 잡초가 맥을 추지 못합니다만
배추가 바로 자라지 못하면 잡초가 무성해 질 수 밖에 없습니다."

2014. 12. 14

변화를 시도합시다

교회는 모름지기 그 시대마다 주어진 사명이 있습니다.
교회의 표어나 교육주제는 변하지만 지표는 변함이 없습니다.
1885년 6월, 제중원에서 처음으로 주일예배를 드리게 됨으로
남대문교회의 역사와 함께 한국교회가 130년이 되는 해입니다.

따라서 우리교회의 지표인 "시대적 사명을 다하는 교회",
"한국교회와 민족을 섬기는 교회"라는
구체적인 목표를 제시함으로
교회의 본질과 정체성 회복을 강조하였습니다.
그래서 올해 표어가 "130년 역사, 처음 신앙을 회복하자"입니다.

한국교회의 모태는 제중원입니다.
금년에는 제중원의 3대 사역을 공유한 연세대학교와 함께 처음 선교
사들이 가졌던 선교정신을 회복하는 일에 전력하므로
민족복음화와 세계선교를 향한
미래지향적 교회 상을 정립하려 합니다.

예배시간의 정착(2시간 간격으로 3부는 오후 1시)과 교육 활성화,
소그룹 제자 훈련을 통한 장년 2부 성경공부의 부활과 청지기 훈련,
환경변화와 이미지쇄신을 위한 음영시스템 개선과 시설구조변경,
시대변화에 따른 선교 사업의 체제 혁신과 조직의 변화 등.

영성이나 예배, 교육 등 내부적 변화도 중요하지만
이러한 변화를 수용할 수 있는 구조나 체제의 변화도 필요합니다.
더구나 오늘날은 외형적인 이미지가 특별히 강조되는 시대입니다.
그래서 정문으로부터 통로, 알렌관 등의 시설의 변화도 시도합니다.

그러나 교회의 변화는 성도들의 변화와 직접적인 관계가 있습니다.
성숙한 교회는 건물이나 구조, 제도를 두고 하는 말이 아닙니다.
성도들의 신앙적인 성숙이 성숙한 교회를 만듭니다.
새해에 가장 먼저 달라져야 할 부분은 바로 우리들 자신입니다.

2015. 1. 4. 신년주일

생명을 살리는 일에는 모두 나서야…

이름도 없이, 빛도 없이 더구나 무슨 대가가 주어지는 것도 아니고
그렇다고 세상에서 누가 알아주는 것도 아닙니다.
그저 주님이 주신 사명이요, 하나님께서 주신 은혜인 줄로만 알고
기쁨으로 아침을 밝히며 학생들 앞에 서는 우리 교사들입니다.

세상 학교도 마찬가지입니다.
학교는 사실 하나님의 창조원리와 질서를 가르치는 곳입니다.
그래서 교직은 다른 직업과 구별하여 성직이라 하고
또한 '선생'이라는 단어는 없으며, 오직 '선생님'이라 불러야 합니다.
비록 직업인으로 보수가 주어져도
여전히 선생님은 선생님이신 것입니다.

교사는 성경을 가르칩니다.
세상 선생님들처럼 만물의 질서와 원리도 가르쳐야 합니다.
무엇보다 교회학교 교사는 생명의 참된 원리를 알고 있는 분들입니다.
아무리 제자들을 아끼고, 동료들과 사이가 좋고,
이웃을 사랑한다고 해도 생명에 대한 교육이 없다면 거짓입니다.

위선입니다. 참 사랑이 아닙니다.

그렇습니다.
우리들에게도 이제 참된 생명운동이 일어나야 합니다.
우리의 믿음과 신앙생활이 거짓이 아니기 때문에,
위선과 가식이 아니기 때문에
이 아름다운 운동의 시작이 교회학교로부터 일어나야 합니다.

총회(P.C.K.)도 2002년 이후
꾸준히 '생명과 치유'를 강조해 왔습니다.
주요 주제중 하나가 지역교회 중심, 전 교인 중심의 '새 생명 운동'
이었고 이제는 함께 연합하기 위한 '생명 망짜기 운동'을 전개하고
있습니다.
홀로 되는 일이 없기 때문에
유년이나 청년이나 장년이나 노년이 모두
교회학교나 선교 기관이나 구역이나 당회 제직회 할 것 없이 모두
생명 살리기 운동에 전력하여 나아가자는 것이 바로 이 운동입니다.

2015. 1. 11. 교사헌신주일

길은 있습니다

험한 산, 깊은 계곡에도 길은 있습니다.
보이지 않는다고 해서 포기해서는 안 됩니다.
등산로도 있고, 소방도로도 있고, 산책길도 있습니다.

사막에도 길은 있습니다.
돌과 모래와 먼지뿐이라고 결코 돌아서지 않아야 합니다.
낙타도 다니고, 온갖 짐승들도 다니며, 대상들도 이 길을 다녔습니다.

하늘에도, 바다에도 길이 있습니다.
보통 사람들의 눈에는 보이지 않을 뿐입니다.
그래서 비행기도, 배들도 정해진 항로를 따라 다니고 있습니다.

길은 혼자 다녀서 만들어지는 것이 아닙니다.
수많은 사람들이 부지중에 오고가며 만들어집니다.
길은 빠르고 편리한 곳으로 오랜 기간을 거쳐 생기게 됩니다.

우리의 삶에도 길이 있습니다.

비록 어렵고 힘겹다고 해도 거기에는 반드시 길이 있습니다.
문제는 우리가 찾는 것입니다. 바르고 당당하게 갈 수 있는 길을…

주님은 말씀하십니다.
내가 곧 길이요, 진리요, 생명이니…(요 14:6).
먼저 주님이 찾아오셔서 분명하게 이렇게 선언하십니다.

옳은 길, 정직한 길, 생명의 길은
오직 주님을 따르는 이 길뿐임을 성경은 확실하게 증언합니다.

낙심하거나 좌절할 필요가 없습니다.
보이지 않는다고 해서 길이 없는 것이 아니기 때문입니다.
그분 앞에 선 사람들 중에는 단 한 명도 길 잃은 사람이 없었습니다.

2015. 1. 13

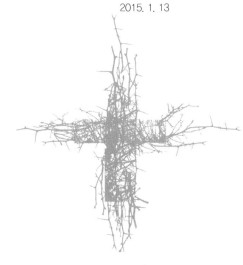

작은 일도 정성껏!

건물을 하나 완성하기 위해서는 엄청난 수의 벽돌이 필요합니다.
그러나 큰 건물도 한 개의 벽돌에서 시작됨을 잊지 말아야 합니다.
문제가 되는 것은 언제나 벽돌 한 개쯤이야 하는 데서 시작됩니다.
개수로는 한 개의 벽돌이지만 모든 것은 그 하나로부터 이루어집니다.

우리의 모든 삶도 나 하나가 중요합니다.
나 하나쯤이야 하는 생각만큼 위험만 일도 없습니다.
나 한 사람 때문에 돌이킬 수 없는 사건들이 일어나기도 하고,
나 한 사람으로 말미암아 하나님의 큰 영광을 드러내기도 합니다.

수족관에 있는 한두 마리의 금붕어도 잘 기르지 못하는 사람이
수십 마리나 수백 마리의 물고기를 잘 기를 수는 없습니다.
작은 일 하나도 감당치 못하면서
큰일이 아니라서 하지 못했다는 것은
분명히 자기 핑계이자 변명에 불과할 뿐입니다.

어떤 사람은 다섯 달란트를 받고,

또 어떤 이는 두 달란트를 받았는데
나는 왜 한 달란트밖에 안 주느냐고 불평할 수 있습니다.
그러나 우리는 그 결과를 알기 때문에 땅에 묻을 수 없습니다.
한 달란트밖에 받지 못했더라도 응당 최선을 다해야 합니다.

예수님은 부자의 많은 연보를 칭찬하시지 않았습니다.
오히려 가난한 과부의 두 렙돈을 칭찬하셨습니다.
그 마음의 중심을 보시는 하나님이시기 때문입니다.
이 해도 벌써 한 달이 지나가는데 누구를 원망할 때가 아닙니다.

신령과 진정으로 예배드리되
마음과 뜻과 정성을 다하여 주를 섬깁시다.
주님 안에서는 작은 일이 없습니다.
정성을 다합시다.
이웃 사랑의 실천도 진실한 마음이 담겨 있어야 합니다.
그리스도인들은 직장에서도 솔선수범하는 직장인들이 되어야 합니다.

2015. 1. 25

같이 갑시다

맛있는 음식을 준비해 놓고 같이 먹자고 초청하였는데
시간이 바쁘다는 핑계로 거절당했을 때 정말 답답하지요?
꼭 필요한 좋은 상품을 소개했는데도 믿을 수 없다며
훨씬 더 못한 상품을 구입한 것을 보면 정말 답답합니다.

어느 한 분에게 기회 있을 때마다 집중적으로 전도한 적이 있습니다.
그러나 그때마다 거절당하고 보니 미안한 생각이 들었습니다.
그래서 사과를 했습니다.
귀찮게 해서 정말 미안하다고…
그러나 그 분의 대답이 의외였습니다.
"저를 보시고 얼마나 답답해 하셨으면…"

때로는 힘이 드는 어려운 일이라는 생각도 듭니다.
그래도 기회를 놓치고 나면 속상해 하는 분들이 너무 많습니다.
그래서 말씀 읽고,
함께 모여 기도하자고 간절하게 권면하고 호소합니다.
농담처럼 드리는 말씀, "같이 놀자!" "함께 가자!" 부탁합니다.

2월은 친교의 달이자 교제의 달이며,

기관마다 단합을 꾀하는 달입니다.

교회가 친목을 강조하는 데에는 그만큼 중요한 이유가 있습니다.

그래서 초대교회로부터 지금까지 교회는 K.K.D.를 강조했습니다.

케리그마(선포), 코이노니아(친교, 교제), 디아코니아(봉사)!

말씀선포와 헌신적 봉사도 중요하지만

교회는 홀로 일하는 곳이 아닙니다.

믿는 사람들의 모임인 만큼

부족하더라도 함께 가야하는 것이 교회입니다. 격려하고, 서로 권면

도 하지만 칭찬도 아끼지 않았으면 좋겠습니다.

내 생각만큼이나 타인의 의견도 들어주고 존중하면 좋겠습니다.

'친교의 달'인 이달에는

모든 부서와 기관과 구역원들이 서로가 하나 되고 협력하므로

아름다운 공동체가 되었으면 좋겠습니다.

성경 말씀도 분명하게 선언합니다.

"한 사람이면 패하겠거니와 두 사람이면 맞설 수 있나니

세 겹줄은 쉽게 끊어지지 아니하느니라" (전 4:12).

2015. 2. 1. 친교의 달 첫 주에

경건한 사순절을 기대합니다

올해 성회 수요일은 2월 18일이었습니다.
이날부터 부활절까지 주일을 제외한 40일을 사순절로 지킵니다.
모두 46일이지만 주일 여섯 번을 제외시킨 이유가 있습니다.
각 주일을 작은 부활절(little Easter)로 보았기 때문입니다.

초대교회는 이 기간을 주님의 고난을 생각하며
악한 영과 싸우기 위한 영적인 힘을 얻는 준비기간으로 보았습니다.
사순절을 의미하는 영어 'Lent'는 고대 앵글로색슨어에서 온 말로
'봄철에 햇빛을 비추는 기간을 늘인다'는 뜻입니다.

처음에는 사순절보다 '부활절 참회 기간'에 더 의미를 두었습니다.
그래서 1년 365일의 십일조인 36일 동안 지켰습니다.
그 후 니케아종교회의(325년)는 부활절을 준비하는 40일로 지켰는데
그 이유는 예수님의 40일 금식기도와 모세와 엘리야의 40일 기도,
이스라엘의 40년 광야생활이 강조되었기 때문입니다.

사순절의 절기 주제는 〈경건의 회복〉입니다.

우리의 죄로 인하여 십자가를 짊어지신 주님의 고난을 기억하며
참회의 기도를 통하여 자기를 부정하고
그리스도의 성품을 닮기 위하여 노력하자는 뜻입니다.

우리의 선배들은 사순절에는 오락이나 육체를 위한 일을 삼갔고
이웃을 돌아보는 일과 거룩한 삶을 위한 훈련에 힘을 썼습니다.
이 기간은 부활신앙과 영적성장을 위한 준비 기간으로 지켰습니다.
그러므로 사순절의 절정은 고난주간입니다.

고난주간 동안(3.30~4.4.)은 특별새벽기도회를 갖지만
사순절 기간 동안 말씀을 묵상하는 일도 중요합니다.
가정별로도 그렇지만
교회적으로도 은혜로운 사순절이 되기를 소망합니다.

2015년 2월 22일

'연합과 일치'로
작은 교회 살려야합니다

성도들의 모임을 교회라 하며, 이 모든 교회는 하나입니다.
한 사람 한 사람의 성도들이 소중하지만 모여야 교회가 되고,
이 모든 교회가 하나이기 때문에 '연합과 일치'가 강조됩니다.

1919년 3월 1일은
모든 교회가 하나 되어 "대한독립만세"를 불렀던 날입니다.
이 운동이 성공적이었던 이유는
모든 교회가 하나가 되었기 때문입니다.

개 교회 주의와 성장제일주의로 빠진 교회라면 희망이 없습니다.
그래서 지금은 어느 때보다 동반성장을 강조합니다.
그러나 '한 마음 한 뜻'이라고 해서 무조건적인 하나가 아닙니다.
초교파적으로 보면 한국교회는 100명 이하의 출석교회가 80%입니다.

지난 2월 26일(목), 교단 에큐메니칼 정책 세미나에 참석하였습니다.
교회의 사명을 다하기 위하여 '치유와 화해'라는 주제로 모였습니다.
토론과 보고가 진행되는 중에

큰 교회가 무섭다는 이야기가 있었습니다.
이단과 사이비의 피해보다 대형교회의 횡포가 더 심각하답니다.

큰 나무도 중요하지만
한국교회는 지금 숲을 가꾸는 운동이 필요합니다.
대기업이 중소기업과 소상공인을 무시하면
함께 무너지는 것과 같습니다.
물론 대형교회라 할지라도
개교회가 감당해야 할 기본적 일들이 있습니다.
그러나 작은 교회의 사업을 빼앗고,
통째로 쓰러지게 하는 일은 없어야 합니다.

남대문교회도 마찬가지입니다.
다른 교회가 감당할 수 없는 일들이 있습니다.
'처음 신앙'을 강조하는 이유도
'어머니의 역할'을 되찾자는 것입니다.
개인에게도 양육자가 필요하듯이
교회에도 어머니(Mentor)가 필요합니다.

시대적 사명을 다하는 교회로
"한국교회를 섬기는 교회가 되자"는 것은
이것이 바로 그 때의 삼일정신으로 되돌아가자는 것이기 때문입니다.

2015년 3월 1일

지경을 넓혀가는 교회

교회란 건물을 지칭하는 말이 아닙니다.
교회란 '예수를 그리스도로 고백한 믿는 사람들의 모임'을 말합니다.
'하나님 나라를 위한 전위대'로서의 교회는 영향력이 중요합니다.
그래서 예수님도 너희는 "세상의 빛이요, 소금이 되라"고 하셨습니다.

친히 이 일을 위하여 중요한 사역들을 감당하셨습니다.
하나님 나라를 가르치시고, 선포하시며,
어려운 이웃들을 고쳐주셨습니다.
선포(preaching)와 교육(teaching), 치유(healing)의 사역은
지금도 여전히 '예배와 교육과 봉사'라는 교회의 3대 지침입니다.

이 일은 한 지역에 국한되지 않습니다.
주님도 온 유대와 갈릴리 지역을 두루 다니시며 행하셨습니다.
그리고 명령하셨습니다.
"온 유대와 사마리아와 땅 끝까지…"(행 1:8).
우리는 이것을 선교명령(Great Commission)이라고 합니다.

빛과 소금에도 미치는 범위가 있는 것처럼 선교도 영향력입니다.
지역교회로는 서울의 중구 남대문로 544번지라는 주소를 가지지만
교회의 영향력은 서울이나 대한민국에 국한되어서는 안 됩니다.
선포된 말씀이나 교회의 가르침,
봉사 영역은 땅 끝까지 이르러야 합니다.

성도들뿐만 아니라 이웃과 학교와 직장과 산업 현장에도
학생이나 직장인, 지식인이나 농부, 노동자에게도 미쳐야 합니다.
남대문교회는 대학에도, 군대에도, 외국에도 선교사를 보내지만
지리산 영성수련원에도, 대학에도 주의 종들을 파송합니다.

외국인을 위한 예배도 드리지만, 병원에도 사역자를 파송하고
저녁시간에는 문화예술인들을 위한 예배도 드립니다.
자매교회를 위한 연합활동이나 미자립교회 후원에도 힘쓰지만
한국교회의 어머니 교회의 역할을 감당하기 위해 노력 하고 있습니다.

2015년 3월 8일

초판 1쇄 | 2015년 3월 10일

지은이 | 손윤탁
펴낸이 | 김현태
펴낸곳 | 따스한 이야기

등 록 | No. 305-2011-000035
전 화 | 070-8699-8765
이메일 | jhyuntae512@hanmail.net
총 판 | 생명의 말씀사
주문전화 | 02)3159-8211 **팩스** | 080-022-8585 / 6

값 12,000원